AI와 금융 투자

AI문고

인공지능 시대입니다. 기계가 인간의 인지를 대신하고, 사물이 인간을 통하지 않고 다른 사물과 직접 커뮤니케이션합니다. 이에 따른 인간 삶과 문명 변화를 정확히 이해·예측·대응하는 것은 이 시대 우리 모두의 과제입니다. AI문고는 인공지능 기술과 환경의 여러 주제를 10가지 키워드로 정리합니다. 관련 개념과 이론, 학계와 산업계의 쟁점, 우리 일상의 변화를 다룹니다. 인간과 기술의 현재, 미래를 세심히 분석합니다.

일러두기

- 인명, 작품명, 저서명, 개념어 등은 한글과 함께 괄호 안에 해당 국가의 원어를 병기했습니다.
- 외래어 표기는 현행 어문규정의 외래어표기법을 따랐습니다.

처음이세요?

전문가세요?

AI와 금융 투자

박선종

대한민국, 서울, 커뮤니케이션북스, 2025

AI와 금융 투자

지은이 박선종
펴낸이 박영률

초판 1쇄 펴낸날 2025년 10월 27일

커뮤니케이션북스(주)
출판 등록 2007년 8월 17일 제313-2007-000166호
02880 서울시 성북구 성북로 5-11
전화(02) 7474 001, 팩스(02) 736 5047
commbooks@commbooks.com
www.commbooks.com

ISBN 979-11-430-1279-1 03500

책값은 뒤표지에 표시되어 있습니다.

차례

금융 투자의 조력자 AI

금융 투자에서 AI는 감정 통제, 데이터 기반 분석, 리스크 관리, 맞춤형 전략 제공 등 다양한 역할을 수행하며, 장기적 자산 증식과 안정적인 투자 성공을 위한 필수 도구로 자리 잡고 있다. 그러나 AI는 어디까지나 조력자일 뿐, 최종 결정과 책임은 투자자에게 있다. 따라서 AI를 적극적으로 활용하되, 충분한 사전 학습과 이해를 바탕으로 합리적이고 신중한 투자 결정을 내리는 것이 중요하다.

금융 투자의 조력자, AI의 역할과 중요성

금융 투자에서 개인 투자자가 장기적으로 안정적인 수익을 올리기 위해서는 감정의 개입을 최소화하고, 일관된 투자 원칙을 세워 시장의 변동성에 흔들리지 않는 전략을 구축하는 것이 핵심이다. 최근에는 AI(인공지능)가 이러한 투자 과정에서 필수 조력자로 자리 잡고 있다.

금융 자본주의 시대와 투자 환경의 변화

현대인은 금융 자본주의 시대에 살고 있다. 단순히 은행 예금만으로 자산을 증식하는 시대는 지났고, 이제는 증권, 펀드, 파생상품 등 다양한 금융 투자 상품을 활용해 부를 축적하는 것이 필수적이다. 이러한 변화는 개인의 재무 목표(예: 은퇴 자금, 자녀 교육비, 자산 증식 등)를 달성하기 위해 투자에 대한 체계적인 접근이 필요함을 의미한다.

감정의 영향과 투자 실패의 원인

투자에서 감정(공포, 탐욕, 충동)은 가장 큰 적이다. 예를 들어, 주가가 급등하면 투자자는 "더 벌 수 있다"는 기대에 사로잡혀 무리하게 매수하거나, 심지어 빚을 내서 투자하는 '빚투'에 빠질 수 있다. 반대로, 주가가 급락하면 초기 손절매를 하지 못하고, 큰 하락 후 공포에 휩싸여 투매를 하는 등 감정적 결정을 내리기 쉽다. 이런 행동은 불필요한 매수 · 매도, 손실 확정, 상승장 놓치기 등으로 이어져 장기적인 투자 성공을 방해한다. 특히, 시장이 급등 · 급락할 때 군중 심리와 단기 이익에 대한 집착이 강화되어 계획에 없던 실수를 반복하게 된다. 투자자는 본능적으로 주변의 투자 흐름과 뉴스에 휘둘리기 쉽고, 이로 인해 장기적인 목표와 원칙을 지키지 못하는 경우가 많다.

일관된 투자 원칙과 전략의 필요성

장기적인 투자 성공을 위해서는 시장 상황과 무관하게 지킬 수 있는 투자 규칙이 필요하다. 예를 들어, 정기적으로 투자하는 것, 목표 수익률과 손실 한도를 명확히 설정하는 것, 특정 자산 비중이 초과하면 리밸런싱을 실시하는 것, 시장 급락 시 추가 매수 · 매도를 자제하는 것 등이 있다.

투자자는 자신의 목표와 위험 감내 수준을 바탕으로 분산 투자, 자산 배분, 리밸런싱 등 장기 전략을 세워야 한다. 시장 타이밍을 맞추려는 시도는 대부분 실패할 가능성이 높으므로, 오히려 일정한 주기로 꾸준히 투자하고 전체 포트폴리오 위험도를 관리하는 것이 수익률 안정화에 효과적이다.

AI의 조력: 감정 통제와 데이터 기반 의사 결정

아무리 경험 많은 투자자라도 시장의 흐름과 심리적 요인에서 완전히 자유로울 수 없다. 반면, AI는 감정에 좌우되지 않고 철저히 데이터와 논리에 기반하여 의사 결정을 내린다. AI는 시장 변동성, 뉴스, 차트, 재무 데이터 등 방대한 정보를 실시간 분석해 투자 원칙에 부합하는 매수·매도, 위험 경고, 리밸런싱 신호 등 객관적 조언을 제공한다.

예를 들어, AI는 다음과 같은 역할을 할 수 있다. 첫째, '매매 타이밍 추천'이다. 즉, 데이터 분석을 통해 최적의 매수·매도 시점을 제안한다. 둘째, '분산 투자 여부 분석'이다. 즉, 자산군별 비중을 평가하고, 리밸런싱 필요성을 알린다. 셋째, '포트폴리오 위험도 산정'이다. 즉, 전체 투자 포트폴리오의 위험도를 계산해 경고 신호를 제공한다. 넷째, '시장 뉴스 및 이벤트 분석'이다. 즉, 실시간으로 시장에 영향을 줄 수 있는 뉴스와 이벤트를 분석해 투자자에게 알린다.

이러한 영역은 사람이 감정에 흔들리기 쉬운 부분인데, AI는 일관된 기준으로 조언해 '안전장치' 역할을 수행한다.

AI 시대의 투자: 선택이 아닌 필수

이제는 AI의 데이터 기반 분석력과 자동화 기능을 적극적으로 활용해, 변동성에 흔들리지 않는 투자 원칙과 전략을 실제로 지키는 것이 모든 개인 투자자에게 선택이 아닌 필수가 되었다. AI는 투자자의 감정 개입을 최소화하고, 리스크 관리와 맞춤형 투자 전략 적용, 수익률 안정화 등 다양한 혜택을 제공한다.

AI 활용의 한계와 투자자의 책임

AI는 어디까지나 '조력자'일 뿐, 최종 투자 선택과 결과는 투자자의 책임이다. AI의 조언을 무조건 따르기보다, 투자자는 AI의 기능과 한계에 대해 충분히 학습하고 이해해야 한다. 이를 통해 투자자는 AI의 혜택을 최대한 활용하면서도, 합리적이고 신중한 투자 결정을 내릴 수 있다.

실제 투자 사례와 AI의 적용

실제로 많은 투자 플랫폼과 증권사에서 AI 기반 투자 조력 서비스를 제공하고 있다. 예를 들어, AI가 투자자의 포트폴리오를 분석해 리밸런싱 시점을 알려 주거나, 시장 변동성에 따라 위험 경고를 제공하는 서비스가 있다. 또한, AI는 투자자의 성향과 목표에 맞는 맞춤형 투자 전략을 제안하고, 실시간으로 시장 데이터를 분석해 투자 결정을 지원한다.

투자 성공을 위한 실천 방안

첫째, 투자 원칙 세우기다. 즉, 자신의 목표와 위험 감내 수준을 명확히 하고, 이를 바탕으로 투자 규칙을 세운다. 둘째, AI 활용 방법 학습이다. 즉, AI 투자 서비스의 기능과 한계를 충분히 이해하고, 실제 투자에 적용한다. 셋째, 감정 통제다. 즉, 투자 결정 시 감정에 휘둘리지 않도록 AI의 조언을 참고하고, 일관된 원칙을 지킨다. 넷째, 정기적 점검이다. 즉, 투자 포트폴리오와 전략을 정기적으로 점검하고, 필요시 리밸런싱을 실시한다.

01
개인 투자자가 주식 시장에서 수익을 내기 어려운 이유는 무엇일까?

개인 투자자가 주식 시장에서 수익을 내기 어려운 주요 이유는 군중 심리와 시장 추세 추종, 감정적 투자 결정, 투자 원칙 부재의 세 가지로 요약된다. 현대 사회의 금융 투자에서 AI의 조력이 선택이 아닌 필수가 된 이유를 설명한다.

기후 위기와 인공지능?

데이터 분석·처리 능력의 혁신적 향상

금융 시장은 초당 수억 건의 거래와 방대한 데이터가 쏟아지는 초대형 정보 환경이다. AI는 사람의 한계를 뛰어넘는 데이터 처리 속도와 분석 능력을 갖추고 있다. 그러므로 실시간 시장 데이터, 뉴스, 소셜 미디어 등 다양한 출처의 대규모 데이터를 효과적으로 분석해 숨겨진 투자 기회를 포착할 수 있다. 즉, 전통적인 방법으로는 감지하기 어려운 미세한 시장 변화까지 검출해 선제적으로 대응할 수 있는 것이 특징이다.

금융 시장에서 인공지능(AI)의 데이터 분석 및 처리 능력은 기존의 인간 및 기계적 접근법을 압도하는 수준으로 발전하고 있다. 첫째, 방대한 데이터 처리와 초고속 분석이다. AI 모델(특히 머신 러닝 · 딥 러닝 기반)은 이러한 구조화 · 비구조화 데이터 전체를 인간이나 기존 전산 시스템보다 훨씬 빠르고 효율적으로 수집 · 처리 · 분석한다. 둘째, 복합적 데이터 소스의 통합 분석이다. AI는 재무 정보와 함께 뉴스 헤드라인, 소셜 미디어 이슈, 지정학적 리스크, 이머징 마켓 동향 등 다양한 비정형 데이터를 통합 분석해 미묘한 시장 변화나 이상 징후도 포착할 수 있다. 셋째, 미세한 신호와 패턴 검출이다. AI는 높은 처리 속도와 패턴 인식 능력으로 기존 분석 방법으로는 식별하기 어려운 미세한 이상 패턴이나 새로운 투자 기회를 포착할 수 있다. 예컨대, 뉴스의 특정 키워드 빈도 상승, 소셜 미디어 바이럴(viral), 거래량 급증 등 복합 신호를 조기에 인식해 선제적 투자 · 위험 회피 전략을 실행할 수 있다.

투자 전략의 고도화 및 자동화

AI는 단순한 알고리즘을 넘어, 머신 러닝 · 딥 러닝 등 고도화된 예측 모델을 바탕으로 시장 트렌드, 위험 요인, 투자 시그널 등을 정밀하게 분석 · 예측한다. 이를 기반으로 자동 매매(알고리즘 트레이딩) 시스템이 구축되어 초고속 · 초정밀 거래가 가능하며, 인간이 미처 계산하지 못한 복잡한 상관관계까지 반영된 맞춤형 포트폴리오 운용이 이뤄진다.

AI는 금융 시장 투자 전략의 수준을 획기적으로 높이며, 완전히 자동화된 트레이딩 시스템 구현을 이끌고 있다.

첫째, 고도화된 예측 모델의 적용이다. 머신 러닝과 딥 러닝 같은 첨단 AI 기법은 방대한 시장 데이터(가격, 거래량, 경제 지표 등)뿐만 아니라 비정형 데이터(뉴스, 소셜 미디어, 글로벌 이벤트)까지 종합적으로 분석한다.

둘째, 알고리즘 트레이딩을 통한 자동 거래 및 리스크 관리다. AI 기반 알고리즘은 각종 리스크 요인을 실시간으로 분석하고, 시장 변화에 맞춰 포트폴리오 구성을 자동으로 조정하는 기능까지 내장하고 있다.

셋째, 맞춤형 포트폴리오 운용이다. AI는 투자자의 성향, 자산 규모, 목표, 위험 선호도 등 정성적 정보와 시장 변동성을 결합해 개개인(혹은 기관)에 최적화된 포트폴리오를 설계한다.

AI의 도입으로 투자 전략은 고도화 · 정밀화와 함께 인간이 접근하기 어려운 초고속 · 초정밀 거래 및 완전 자동화가 실현되었다. 더욱이 개인화된 맞춤 포트폴리오 운용, 실시간 위험 관리, 감정 배제의 객관적 투자 등 혁신적 변화가 이뤄지고 있다.

리스크 관리 및 실시간 대응

급변하는 금융 시장에서는 예기치 못한 리스크가 상존한다. AI는 과거 패턴과 실시간 데이터를 바탕으로 잠재적 위험을 조기 감지한다. 한편, 이상 거래 · 사기 탐지 · 시장 변동성 대응 등 위험 관리를 자동화해 투자 손실을 최소화하는 데 이바지한다. 특히 과거의 경험적 통계 모델로는 포착하기 어려운 복합 리스크도 AI는 실시간으로 정교하게 진단할 수 있다.

AI는 급변하는 금융 시장에서 전통적인 리스크 관리 방식이 가진 한계를 뛰어넘어, 실시간 정교한 위험 탐지와 대응 시스템 구축을 가능하게 한다.

첫째, 잠재적 위험의 조기 감지다. AI는 과거 데이터와 실시간 데이터를 병행 분석해, 시장 변동성, 가격 급락, 이상 거래 등 잠재적 리스크를 신속하게 파악한다.

둘째, 이상 거래 및 사기 탐지의 자동화다. AI 기반 FDS(Fraud Detection System, 이상 거래 탐지 시스템)는 수백만 건의 거래 패턴을 학습해, 정상적인 패턴과 벗어난 거래(사기, 자금 세탁, 불법 행위 등)를 즉시 식별·차단할 수 있다.

셋째, 시장 변동성에 대한 실시간 대응이다. AI는 글로벌 시장에서 발생하는 급격한 가격 변동, 지정학적 이벤트, 원자재 급등락 등 복합적 요인에 대해 실시간 대시보드와 자동 거래 전략을 제공하며, 투자자가 기민하게 리스크를 통제할 수 있도록 지원한다.

즉, AI는 리스크 관리의 자동화·정밀화뿐만 아니라, 복합 위험의 실시간 조기 탐지 및 대응 역량을 획기적으로 높여 금융 시장의 안정성과 투자자 보호에 중요한 역할을 수행하고 있다.

투자 의사 결정의 효율화와 개인화

AI는 투자자의 자산, 선호, 시장 상황 등을 분석해 맞춤형 투자 전략 및 실시간 조언을 제공한다. 단순한 설문을 넘어 생활 방식, 소비 데이터 등 다양한 정보를 통합해 초개인화 서비스를 구현할 수 있다. 이를 통해 일반 투자자도 기관 투자자와 유사한 수준의 정보와 분석 결과를 활용할 수 있는 환경이 조성되고 있다.

첫째, 초개인화 기반 맞춤형 투자 전략 제공이다. AI는 투자자의 소득, 자산, 소비 패턴, 목표 등 개별적 특성을 세밀하게 분석해 꼭 맞는 투자 전략을 제공한다.

둘째, 실시간 개별 투자 조언 및 자동화다. AI 기반 로보어드바이저 및 자산 관리 플랫폼은 24시간 내내 고객 데이터를 모니터링하고, 실시간 시장 변동에 맞춰 적시에 조언을 제공한다.

셋째, 일반 투자자와 기관 투자자 간 정보 격차 해소다. 과거에는 기관 투자자만이 최적화된 정보 · 분석 인프라(전문가 리서치, 자동화 설루션)를 활용할 수 있었다. 그러나 AI의 발달로 이제는 앱, 플랫폼을 통해 일반 투자자도 전문가와 유사한 수준의 시황 분석, 위험 진단, 맞춤형 투자 전략, 실시간 알림 시스템을 이용할 수 있다.

즉, AI의 전방위적 데이터 분석 · 예측 · 맞춤 전략 기능 덕분에, 투자 의사 결정의 효율성은 혁신적으로 향상되고, 일반 투자자도 기관 수준의 분석 · 개인화 서비스를 통해 투자 포트폴리오 성공률과 만족도를 높일 수 있는 환경이 구축되고 있다.

시장 경쟁·혁신의 가속화

글로벌 금융 시장에서 이미 대다수 선진 투자 기관에서는 AI가 핵심 경쟁력으로 자리 잡았다. AI 도입이 빠른 기업일수록 투자 성과에서 앞서 나가고 있고, 향후 3~5년 내에 대부분의 투자 기관이 AI에서 중대한 가치를 실현할 것으로 예상된다.

글로벌 금융 기관들은 AI를 활용해 연간 약 3,400억 달러(약 474조 원) 이상의 가치를 창출하고 있으며, AI 시장 자체도 2025년 3,542억 달러에서 2030년 약 5조8,700억 달러로 빠르게 성장할 전망이다. 씨티그룹(Citigroup), JP 모건(JP Morgan), 블랙록(BlackRock) 등 선진 금융 기관들은 거래, 리스크 관리, 자산 운용, 고객 서비스까지 AI를 도입해 생산성 · 투자 성과를 선도하고 있다.

AI 활용의 격차는 곧바로 경쟁력의 격차로 이어지기 때문에, 뒤처진 투자자 · 기관은 상대적으로 불리해질 수밖에 없다. 실제 조사 결과, AI를 전략적으로 도입한 기관은 명확한 투자 수익(ROI)과 경쟁력 향상 효과가 3.5배 이상 큰 것으로 나타났으며, AI 미적용 기관과의 매출 격차는 평균 4%p, 부가가치 격차는 7.6~7.8%p로 나타났다.

이처럼 AI는 방대한 정보 처리, 고난도 전략 수립, 리스크 관리, 개인화된 서비스 제공 등 금융 투자 전 과정에서 혁신적인 역할을 하며, '효율'과 '경쟁력'이라는 측면에서 이미 필수불가결한 존재가 되었다. AI는 단순 보조를 넘어 투자 성공률을 높이고 생존을 좌우하는 전략적 자산임을 명확히 보여 주고 있다.

참고문헌

Capgemini(2025). "Top trends 2025: Capital market", https://www.capgemini.com/us-en/insights/research-library/capital-markets-top-trends-2025/

02
금융 투자 상품의 종류

대표적인 것은 주식과 채권이다. 그다음은 선물 · 옵션 같은 파생 상품이다. 한편, 파생 상품과 증권의 성격을 결합한 ELS 같은 파생 결합 증권도 있다. 대체 투자 상품으로 부동산도 포함된다. 금융 투자 상품의 주요 종류별로 상세하게 설명한다.

노래하는 AI 보컬?

주식

주식은 기업이 자본을 조달하기 위해 발행하는 유가 증권으로, 투자자는 주식을 매수함으로써 회사의 소유권 일부를 갖게 된다. 기업의 성장과 이익에 따라 주가가 상승하거나 배당을 받을 수 있으며, 투자자는 이에 따른 수익을 기대할 수 있다. 주식은 시장에서 자유롭게 거래되며, 일반적으로 높은 변동성과 성장 잠재력을 가지고 있다.

주식은 기업이 자본을 조달하는 대표적 수단이다. 투자자와 기업 모두에게 다양한 경제적 효과와 기회를 제공하는 유가 증권(금융 상품)으로 특징은 다음과 같다.

첫째, 기업 자본 조달과 소유권이다. 기업은 신규 사업, 설비 투자, 경영 안정화 등을 위해 외부 자본이 필요할 때 '주식'을 발행한다. 투자자가 주식을 매수하면 회사의 '지분'을 소유하게 되는데, 이는 곧 회사의 소유권 일부를 가진다는 의미다. 지분 비율에 따라 의결권(주주총회에서의 투표권)이나 경영 참여권이 부여될 수 있다.

둘째, 수익 구조다. 투자자는 두 가지 주요 방식으로 주식 투자 수익을 기대할 수 있다. ① 시세 차익(자본 이득): 회사가 성장하거나 영업 실적이 개선되어 기업 가치가 높아지면, 시장에서 주가가 상승하며 이를 매도해

차익을 실현할 수 있다. ② 배당 수익 : 기업이 이익을 실현하면, 일부를 배당으로 주주에게 분배한다.

셋째, 시장 거래의 자유와 변동성이다. 주식은 증권거래소(한국거래소 KRX, 미국 NYSE, NASDAQ 등)에서 공개적으로 거래된다. 매수 · 매도 주문이 자유롭게 이뤄지며, 시장 참가자(개인 · 기관 · 외국인 등)들의 수요와 공급에 따라 실시간으로 가격이 결정된다. 주식 시장은 경제 상황, 기업 실적, 정책 변화, 글로벌 이벤트 등 다양한 변수에 따라 높은 변동성(가격 등락)이 나타난다. 이 때문에 단기 또는 장기 투자 전략이 필요하며, 리스크 관리가 중요하다.

요컨대, 주식은 자유롭게 사고팔 수 있고, 성장 잠재력과 리스크가 동시에 내재된 자본 시장 투자 수단이다. 주식은 다양한 산업과 기업의 성장에 참여할 기회인 동시에, 효율적 리스크 관리와 전략적 투자 접근이 요구되는 대표적 금융 상품이다.

채권

채권은 정부, 공공 기관, 기업 등이 자금을 빌리기 위해 발행하는 채무 증서다. 투자자는 채권을 매수함으로써 발행자에게 돈을 빌려주고, 만기에 원금을 돌려받는 대신 정기적으로 이자 수익(쿠폰)을 받는다. 채권은 상대적으로 위험이 낮고, 예측 가능한 수익을 제공하는 안정적인 투자 상품으로 간주된다. 신용 등급, 만기, 이자율 등에 따라 다양한 종류가 있다.

발행 목적과 구조

발행자는 공공 정책, 인프라 투자, 운영 자금 및 사업 확장 등 다양한 목적으로 대규모 자금을 필요로 할 때 채권을 발행한다. 채권은 일정한 금액(액면가), 이자 지급 조건(쿠폰), 만기일이 명시된 유가 증권이다. 투자자는 채권을 구입함으로써 발행자에게 돈을 빌려주며, 발행자는 일정 기간 매년(혹은 분기별, 반기별 등) 약정한 이자를 지급하고, 만기 시 원금을 상환한다.

수익 구조

채권 투자자는 채권의 쿠폰 이자로 정기적인 현금 흐름을 받고, 만기에 원금 전액을 상환받는 것이 기본 구조다. 다만, 시장 금리 변동이나 발행자의 신용도 변화 등에 따라 채권 가격은 변동할 수 있으며, 채권을 만기 전에 매도할 경우 시세 차익 또는 손실이 발생할 수도 있다.

안정성과 리스크

채권은 상대적으로 주식보다 안정적인 투자 수단으로 인정받는다. 이유는 원금 상환과 이자 지급이 계약으로 보장되고, 특히 정부 · 공공 기관이 발행하는 국채는 신용 위험이 매우 낮기 때문이다. 그러나 신용 위험(디폴트 위험), 금리 변동 위험, 인플레이션 위험 등은 여전히 존재한다. 예를 들어, 국가 부도나 기업 파산 시 원금과 이자 지급이 불확실해질 수 있다. 신용 등급 평가 기관(예: S&P, Moody's, Fitch, 한국신용평가, 한국기업평가, 나이스신용정보)은 발행자의 신용도를 평가해 투자 위험 수준을 구분하며, 등급에 따라 이자율(쿠폰) 수준이 달라진다.

요컨대, 채권은 투자자에게 예측 가능한 이자 수익과 상대적 안정성을 제공하면서도, 다양한 신용 등급과 만기 옵션으로 개인과 기관 투자자의 다양한 요구를 충족하는 금융 상품이다. 투자자는 채권의 신용 등급, 금리, 만기일 등을 종합 고려해 자신의 투자 목적과 위험 감내 정도에 맞춰 선택하는 것이 필요하다.

파생 상품

파생 상품은 주식, 채권, 통화, 원자재 등 기초 자산의 가격 변동에 따라 가치가 결정되는 금융 상품이다. 대표적으로 선물(Futures)과 옵션(Options)이 있다. 파생 상품은 일반적인 주식·채권과 달리, 특정 기초 자산(주식, 채권, 통화, 원자재 등)의 가격 변동을 바탕으로 가치가 결정되는 금융 계약이다. 레버리지, 위험 헤지, 투기 등 다양한 목적에 활용되지만, 구조상 복잡하고 위험성이 높아 전문적 이해가 필요하다.

파생 상품의 구조와 활용 목적

파생 상품은 기초 자산의 미래 가격, 변동성, 이자율, 환율 등 다양한 변수에 연동되어 가치가 형성된다. 투자자는 기초 자산을 직접 보유하지 않아도 파생 상품 거래를 통해 가격 변동에 투자하거나 위험을 회피할 수 있다. 파생 상품 투자의 주요 목적은 ① 차익 거래(arbitrage), ② 리스크 헤지(위험 회피), ③ 투기(고수익 추구)로 대별된다.

선물

선물은 특정 기초 자산을 미래의 특정 시점에 약속된 가격으로 매입·매도할 것을 계약하는 상품이다. 매수/매도 양쪽 모두 계약상 의무가 있다. 선물은 거래소에서 표

준화되어 거래된다(예: 한국거래소, CME 등). 양 당사자(매수 · 매도자)는 계약 만기일에 반드시 정해진 가격으로 자산을 인수 · 인도해야 하는 의무를 진다. 선물의 기초 자산은 주가 지수 · 채권 · 통화 · 원자재 등 매우 다양하다. 선물의 특징은 레버리지 효과가 커서 소액의 증거금으로 대규모 거래가 가능하며, 가격 변동에 즉각적 대응 및 위험 관리(hedge)에 널리 활용된다는 것이다. 선물의 투자자는 만기 전에도 반대 포지션 거래를 통해 기존 계약을 청산할 수 있다.

옵션

옵션의 매수자에게는 특정 자산을 미래의 특정 시점까지 미리 정한 가격으로 살 수 있는(콜 옵션) 또는 팔 수 있는(풋 옵션) 권리가 부여된다. 반면 옵션의 매도자에게는 특정 자산을 미래의 특정 시점까지 미리 정한 가격으로 팔아야 하는(콜 옵션) 또는 사야 하는(풋 옵션) 의무를 부담한다.

옵션 매수자의 경우 프리미엄(권리금)을 지급하고, 권리의 사용 여부는 투자자 선택에 달려 있다. 반면, 옵션 매도자는 프리미엄(권리금)을 수취하고, 그 대가로 매수자의 권리 사용으로 발생하는 의무를 부담한다. 옵션은 손실 한정 · 이익 무한(매수자) 구조와, 이익 한정 · 손실 무한(매도자) 구조를 가질 수 있어 리스크 관리가 특히 중요하다.

레버리지와 위험성

레버리지가 커지면 소액 투자로 큰 금액 거래가 가능하므로 고수익 가능성이 있지만, 손실 폭도 그만큼 커질 수 있다. 파생 상품은 일반적으로 5~50배수의 레버리지를 활용하는 구조를 가진다. 파생 상품의 가격은 기초 자산의 작은 변동에도 크게 반응하므로, 원금 초과 손실 발생 가능성 등 위험성이 높다.

요컨대 파생 상품은 투자, 위험 헤지, 자산 관리 등 다양한 금융 전략의 핵심 수단이지만, 구조적 복잡성과 고위험성 때문에 반드시 충분한 이해와 검증된 정보 · 전략을 바탕으로 활용하는 것이 필요하다.

파생 결합 증권(ELS 등)

ELS(Equity Linked Securities, 주가 연계 증권) 같은 파생 결합 증권은 주식 등 기초 자산과 파생 상품을 결합한 구조로 설계된 상품이다. 보통 여러 주요 지수나 개별 기업 주가에 일정 조건이 충족될 경우 약정된 수익을 지급하며, 조건 미충족 시 원금 손실 가능성도 존재한다. 구조에 따라 수익률, 리스크, 만기 시 지급 조건 등이 매우 다양해 복합적이고, 일반 예금이나 채권과 달리 원금이 보장되지 않는 경우가 많다. 국내에서는 개인 투자자 사이에서 특히 인기가 높으나, 원금 비보장형 ELS는 대개 옵션 매도의 성질을 가지므로 각별한 주의가 필요하다.

ELS(Equity Linked Securities)의 기본 구조

① 기초 자산 : 일반적으로 국내외 주요 주가 지수(코스피200, S&P500 등), 업종 대표주 등으로 설계된다.

② 파생 상품 결합 : 통상적으로 '옵션'(예: 녹인/녹아웃 배리어, 콜 · 풋 옵션 등)을 조합해 특정 시점 · 조건 충족 여부에 따라 수익률이 결정되는 구조다.

③ 만기/지급 조건 : 통상 1~3년으로 조기 상환(예: 조기 상환형 ELS) 기능 내장되는 경우가 흔하다. 일정 평가일(관측일)마다 기초 자산이 정해진 조건(예: 최초 기준가 80~100% 이상 유지)에 해당하면, 약정 수익(쿠폰)을 지급하고 원금이 반환된다. 조건 미달 시 만기까지 유지하거나 원금 손실 구간에 진입한다.

수익·손실 구조의 다양성

약정 수익은 조건 충족(예: 하락 폭 제한, 주가 일정 비율 이상 유지) 시에만 지급되며, 조건 미충족 시 주가 연계(기초 자산 하락 등)에 따라 원금 손실이 발생할 수 있다. 일부 상품(손실 배리어 미설정, 녹인형 등)은 기초 자산이 특정 구간 미만으로 떨어질 경우 만기 시 투자 원금의 전부를 잃을 수도 있다.

구조에 따라 '원금 보장형'(조건부 원금 보호)과 '원금 비보장형'(원금 손실 가능)이 존재하지만, 일반적으로 투자자에게 인기 높은 고수익형은 원금 비보장 구조가 많다.

국내 인기와 투자 시 유의점

저금리 환경, 다양하고 높은 쿠폰(약정 수익률), 증권사 영업 강화 등 요인으로 인해 국내에서 ELS 파생 결합 증권은 개인 투자자 사이에서 매우 인기 있는 투자 상품이다. 하지만 일반 예금 · 채권과 달리 원금 보장 구조가 아닌 것이 대부분이다. 따라서 상세한 상품 설명서와 핵심 리스크(옵션, 배리어, 만기 조건 등)를 반드시 이해하고 투자하는 것이 필요하다.

대체 투자 상품

대체 투자 상품은 주식 · 채권 등 전통적 증권 외 자산군에 투자하는 모든 금융 상품을 폭넓게 일컫는 용어로, 투자 다각화, 인플레이션 헤지, 특수한 수익 구조 추구 등을 목적으로 활용된다.

대표적 대체 투자: 부동산

부동산 투자는 대표적인 대체 투자 상품에 해당한다. 이는 주식, 채권 등 전통적 증권 외에 투자 다각화와 인플레이션 헤지 등의 목적으로 활용된다.

부동산(Real Estate)은 주거용, 상업용, 산업용 등 다양한 형태로 존재하며, 실물 자체에 투자하거나 간접 투자 형태도 많다. 간접 투자는 부동산 투자 신탁(REITs, Real Estate Investment Trusts) 등 펀드 형태로 부동산에 투자하는 것이다. 투자자는 주식처럼 REITs를 사고팔 수 있어, 소액 · 유동성 투자 및 글로벌 다양한 부동산 자산에 분산 투자가 가능하다. 부동산은 장기적으로 인플레이션 방어 효과, 임대 수익(현금 흐름), 자산 가격 상승에 따른 차익 등 다양한 수익 구조가 특징이다.

기타 주요 대체 투자 상품

① 사모 펀드(Private Equity Fund): 상장되지 않은 기업 또는 구조 조정 기업 · 벤처에 투자해 기업 가치 상승, 경영 개선 등으로 자본 이득을 추구하는 것이다. 자금 운용 기간이 길고, 현금화 기간이 제한적이므로 유동성 위험이 크다.

② 인프라(Infra): 도로, 발전소, 통신망 등 국가 · 사회 기반 시설 투자. 장기 안정적 현금 흐름, 경기 방어력 등이 특징이다.

③ 원자재(Commodity): 금, 석유, 철광석, 농산물 등 실물 자산에 투자한다. 실물 가격 변동을 통한 차익 발생, 물가 상승 대응이 가능하다. 다만 글로벌 요인에 손익 변동이 민감하다.

④ 헤지 펀드(Hedge Fund): 다양한 전략(레버리지, 롱쇼트, 차익 거래 등)을 활용해 절대 수익을 추구한다. 고수익 · 고위험 구조이므로 전문 매니저의 전략 · 리스크 관리가 매우 중요하다.

요컨대, 대체 투자 상품은 진입 장벽이 높고 이해도가 요구되지만, 효과적 자산 배분과 새로운 수익원 창출에 유용하며, 다양한 경제 환경에 대응하는 포트폴리오 구축에 핵심적 역할을 한다. 각 상품은 서로 다른 수익 구조와 위험을 가지므로, 투자 목적과 위험 선호도에 따라 포트폴리오를 적절히 구성하는 것이 중요하다.

03
직접 투자와 간접 투자

투자자는 자신의 투자 목표, 위험 감수 능력, 시간, 지식수준 등을 고려해 적합한 투자 방식을 선택해야 한다. 직접 투자는 투자에 관심이 많고 경험이 풍부한 사람에게 적합하며, 간접 투자는 투자 시간이 부족하거나 전문가의 도움이 필요한 경우에 적합하다. 직접 투자와 간접 투자의 장단점을 살펴본다.

인공지능과 편향?

직접 투자의 장점

통제력과 자유도

투자자는 어떤 자산(예: 주식, 부동산, 채권 등)을 언제, 얼마만큼, 어떤 전략으로 매수·매도할지 스스로 결정할 수 있다. 투자자가 투자 결정 과정 및 운용 전략에 대한 전적인 통제권을 가질 수 있다.

맞춤형 운용

본인의 투자 목표, 가치관, 선호도에 따라 포트폴리오를 직접 구성할 수 있어, 개별 상황에 최적화된 투자를 할 수 있다.

수익 극대화 기회

시장 분석, 정보 탐색, 빠른 의사 결정 등 개인의 역량을 적극적으로 반영할 수 있으며, 성공할 경우 펀드나 ETF 같은 간접 투자에 비해 더 높은 수익을 창출할 수 있다.

학습과 성장

투자 경험과 직접적인 시장 참여를 통해 금융 지식, 분석력, 위험 관리 능력 등 다양한 투자 역량을 쌓을 수 있다.

직접 투자의 한계

상당한 시간과 노력 필요

자산 분석, 시장 동향 파악, 매수 · 매도 타이밍 결정 등 모든 과정을 직접 관리해야 하므로 많은 시간과 노력이 요구된다.

전문성 부족 시 리스크

충분한 투자 지식과 경험이 없으면 정보 부족이나 판단 착오로 인해 큰 손실을 볼 위험이 크다.

분산 투자 한계

자금이 한정된 개인 투자자라면 다양한 자산이나 국가 · 섹터에 효과적으로 분산 투자하기가 어렵다. 이로 인해 리스크 집중 현상이 발생할 수 있다.

심리적 부담

시장 변동성, 손실 가능성 등에서 오는 심리적 스트레스와 의사 결정 부담이 크다. 감정적인 대응으로 실수할 가능성도 존재한다.

비용 부담

매매와 운용 과정에서 발생하는 수수료, 정보 구독료, 세금 등의 추가 비용을 직접 부담해야 한다.

요컨대, 직접 투자는 높은 자유도와 통제력, 더 큰 수익 기회를 제공하지만, 그만큼 시간 · 지식 · 분산 측면에서 한계와 리스크도 크므로, 투자자의 역량과 환경에 따라 신중하게 선택하는 것이 필요하다.

간접 투자의 장점

전문가의 자산 운용

펀드 매니저 등 전문가가 체계적이고 전문적으로 투자금 운용을 대행하므로, 금융 시장에 관한 전문 지식이나 경험이 부족해도 효율적으로 자산을 불릴 수 있다.

분산 투자를 통한 위험 분산

소액 투자자도 다양한 자산(주식, 채권, 부동산 등)에 분산 투자가 가능하다. 분산 효과로 개별 종목의 큰 손실 위험을 줄이고, 전체 투자 포트폴리오 위험을 평균적으로 낮출 수 있다.

시간·노력 절감

투자 대상을 직접 선택, 분석, 관리할 필요 없이 상품 가입과 주기적 성과 확인 정도만 필요하므로 바쁜 현대인에게 적합하다. 투자 관리에 걸리는 시간과 심리적 부담이 대폭 줄어든다.

투명성과 투자자 보호

금융 기관의 엄격한 운용 규정과 법적 감독 아래에서 투자자가 보호된다. 금융 기관에는 투자 설명서, 정기적인 운용 보고서 등 투명한 정보 제공 의무가 있다.

간접 투자의 한계

직접 통제력 부족

운용의 주요 의사 결정(종목 선정, 매수 · 매도 타이밍 등)을 모두 전문가가 담당하므로, 투자자가 구체적인 투자 전략이나 자산 배분에 직접 관여할 수 없다.

관리 및 운용 보수 비용

전문가의 운용과 관리 서비스에 대한 수수료(운용 보수, 판매 보수 등)가 발생한다. 이 비용이 펀드의 실제 수익률을 낮출 수 있다.

성과 편차 및 한계

전문가가 운용해도 시장 평균 이하의 성과가 나는 경우가 적지 않다. 운용 역량에 따른 편차, 운용 방식 제한(예: 법적 규제) 등으로 기대 수익률에 미치지 못할 수 있다.

정보 비대칭 및 대리인 문제

투자자는 펀드 운용 내역을 실시간으로 자세히 알기 어렵고, 전문가가 투자자 이익보다 자신의 이익을 우선할 위험(대리인 문제)이 존재한다.

상품 구조의 복잡성

간접 투자 상품 중에는 구조가 복잡하거나 투자 위험 요인이 명확히 이해되지 않는 예도 있으므로, 투자 전 상품 특성과 리스크를 꼼꼼히 살펴야 한다.

요컨대, 간접 투자는 '전문성과 효율성에 기반한 위험 분산'이라는 강점이 있으나, '직접 의사 결정권 상실과 성과 불확실성, 비용 부담'이라는 한계도 동반한다. 본인의 투자 성향, 투자 목표, 금융 지식, 시간 자원 등에 따라 적합도를 신중히 판단해야 성공적인 투자가 가능하다.

04

직접 투자와 AI

직접 투자에는 투자 대상에 대한 기본적 분석과 기술적 분석이 필요하다. AI는 개인 투자자에게 개별 종목에 기본적 분석 및 기술적 분석 자료를 제공할 수 있다. 직접 투자에 필요한 개별 종목의 기본적 분석(재무제표, 수익성, 성장성, 가치 평가 등)과 기술적 분석(차트, 패턴, 거래량 분석 등)에 도움을 받을 수 있는 대표적인 AI 설루션들을 소개한다.

청각장애인과 AI?

Fint AI 직접 투자(장점)

AI 기반 종목 자동 선별

핀트 AI(https://www.fint.co.kr)는 AI 투자 엔진 아이작(ISAAC)이 방대한 시장 · 종목 · 경제 데이터 분석을 활용해 투자자가 '효율적이고 맞춤형 포트폴리오'를 구축할 수 있도록 지원한다. 핀트 AI는 3,000개 이상의 국내외 종목 데이터 및 경제 지표를 분석해서 6개월 뒤 상승 확률이 높은 종목을 자동 선별한다. 이 과정에서 과거 데이터, 시장 흐름, 글로벌 트렌드 등 다양한 요소를 복합적으로 반영해 기존의 수작업 리서치나 간단한 필터링에 비해 더 정교한 종목 발굴 및 위험 관리가 가능하다. 더욱이, 추천 포트폴리오는 분산, 성장성, 위험도 등을 균형 있게 고려해 설계된다.

유연성과 개인화: 반자동·맞춤형 직접 투자

투자자는 AI가 제안하는 포트폴리오를 바탕으로 운용하거나, 본인이 원하는 종목을 '종목 담기' 기능으로 추가해서 부분적으로 직접 투자 의사를 반영할 수 있다. 이로써 반자동 · 맞춤형 직접 투자가 가능하다. 더욱이, 투자자의 개별 목적, 성향, 시장 전망, 모멘텀 전략 등을 AI 결과에 자유롭게 복합 적용이 가능하다.

포트폴리오 리밸런싱 및 위험 관리

핀트 AI는 시장 변동성, 신규 이벤트, 개별 종목의 위험 요인 등을 실시간 추적해, 필요에 따라 포트폴리오 구성/비중을 자동 조정(리밸런싱)할 수 있는 기능도 제공한다. 사용자는 AI의 주기적 리밸런싱 제안 또는 직접 조정 기능을 통해 시장 변화에 기민하게 대응 가능하며, 투자 포트폴리오의 위험도를 효율적으로 관리할 수 있다.

투자 효율성과 정보 접근성 제고

핀트 AI는 매일 쏟아지는 방대한 시장 데이터, 뉴스, 통계, 종목 변화 등 '정보 홍수' 속에서도 가장 유의미한 투자 종목을 신속 · 정밀하게 제안해 준다. 투자자는 시간, 노력 대비 효율을 제고하며, 전문가 수준의 데이터 리서치와 포트폴리오 설계 효과를 누릴 수 있다.

꾸준한 투자 및 목표 달성 기능

사용자가 금액과 기간을 직접 설정해 '목표 달성 투자'나 '꾸준히 투자' 기능을 사용할 수 있다. 설정된 방식에 따라 AI가 자동으로 직접 투자 집행과 운용 전략을 관리한다.

핀트 AI 직접 투자(단점)

능동적인 투자 개입이 거의 불가능

투자 결정권이 AI에 일임되어, 사용자가 "특정 종목을 매수/매도하겠다" 또는 "비중을 조정하겠다" 등 즉각적이고 능동적인 투자 전략을 직접 실행할 수 없다. 설정할 수 있는 것은 운용 레벨(공격/보수 등)과 대략적인 투자 스타일뿐으로, 세부적인 종목/시장 대응에는 한계가 있다.

제한적인 투자 상품군

핀트가 선정한 ETF, 주요 지수, 대형주 등 안전 위주의 한정된 투자 상품에만 투자할 수 있다. 테마주, 급등주, 특정 신흥국 주식 등 공격적/트렌디한 개별 종목 분산 투자는 불가하며, 투자 선택의 자유도가 낮다.

성과 보수 체계에 따른 수수료 부담

"성과 수수료 9.5%"는 업계 내에서는 낮은 편이지만, 직접 투자에 비해서는 부담스럽게 느껴질 수 있다. 수익이 클수록 절대 수수료가 커지고, 추가로 ETF 자체의 운용 수수료와 해외 주식 양도 소득세도 별도로 부담한다.

요컨대, 핀트 AI는 간편하게 분산 투자와 자동 매매 서비스를 받을 수 있지만, 능동적 직접 개입, 투자 상품 선택, 전략 투명성, 비용 면에서 한계를 갖고 있다.

파운트 AI 직접 투자(장점)

개인화된 맞춤형 투자 서비스

파운트 AI(https://fount.co)는 개별 투자자의 성향, 리스크 수준, 목표 수익률 등을 정밀 분석해 투자자별로 최적화된 포트폴리오를 제공한다. 이는 고액 자산가 전용 PB(프라이빗 뱅킹) 서비스 수준의 맞춤형 자산 관리를 누구나 받을 수 있다는 점에서 큰 강점이다.

글로벌 분산 투자와 자동 리밸런싱

국내외 주식, 글로벌 ETF, 채권 등 다양한 자산군에 분산 투자해 리스크(위험) 분산 효과를 높이고, 투자 포트폴리오 안정성을 강화한다. 시장 상황 및 투자자의 변경 요청에 따라 AI가 자동으로 리밸런싱(종목 교체, 비중 조정 등)을 수행해, 장기적으로 꾸준한 자산 증식에 적합한 시스템이다. 한편, 정기적으로 자산 구성을 자동 점검·조정함으로써, 개별 투자자가 시장을 수시로 모니터링 · 관리하지 않아도 효율적 운용이 가능하다.

높은 AI 기술력과 금융 전문성

파운트 AI는 최신 데이터 분석 · 머신 러닝 · 딥 러닝 기술이 적용돼 복잡한 시장 변동성과 다양한 금융 변수까지 정교하게 반영한다. 한편, 글로벌 AI 기업과의 협업, 금융 전문가 집단의 검증, 수년간 축적된 데이터로 안정적인 자산 관리 알고리즘을 운용한다. 더욱이, 시장 급변, 글로벌 이벤트, 개별 자산 변동 등 복합적 위험 요인에 즉각 대응 가능한 시스템이다. 요컨대, 투자자의 장기 재무 목표에 최적화된 운영을 추구한다.

파운트 AI 직접 투자(단점)

진입 장벽과 최소 투자금 문제

일반인이 접근하기 비교적 쉽지 않은 점, 특히 초기 최소 투자금이 다소 높은 편(글로벌 ETF 기준 500만 원 수준)이라는 점이 입문자나 소액 투자자에게 부담으로 작용한다.

직접 종목 선택과 능동적 매매 제한

포트폴리오는 AI가 자동으로 구성하고 관리하므로 사용자가 개별 종목을 직접 선택하거나 단기 매매를 자유롭게 할 수 없어 투자자의 적극적 개입이 제한된다. 사용자 개입은 포트폴리오 구간 조정, 리밸런싱 정도에 국한되어, 적극적 트레이딩 · 직접 주식 운용을 선호하는 투자자에게는 불편하게 느껴질 수 있다.

장기 투자에 특화되어 단기 성과 체감 어려움

파운트 AI 서비스는 장기적인 자산 증식에 초점을 맞추기 때문에 단기간에 뚜렷한 수익을 기대하기 어렵고, 초단기 투자자나 트레이딩 선호자에게는 맞지 않는다.

파운트 AI는 기술 혁신 기반의 맞춤형 자산 관리와 안정적인 장기 분산 투자를 주된 강점으로 내세워 고액 투자와 장기 투자에 적합하지만, 개인의 직접적인 거래 개입과 소액 투자에 진입 장벽이 상대적으로 높은 점이 특징이다. 그러므로 투자자 특성에 따라 신중히 결정할 필요가 있다.

05
간접 투자와 AI

간접 투자에는 자산 운용사의 펀드, 증권 회사의 랩 어카운트(Wrap account) 등 매우 다양한 상품 중 개인 투자자 각자의 투자 목적에 맞는 특정 상품을 선별하는 것이 핵심이다. AI를 통해 개인 투자자의 투자 목적에 맞는 특정 상품의 합리적 선별에 도움을 받을 수 간접 투자 서비스를 소개한다.

AI 콘텐츠 크리에이터?

간접 투자와 AI의 역할

간접 투자는 자산 운용사의 공모 · 사모 펀드, 증권 회사의 랩 어카운트(Wrap account) 등 다양한 금융 상품을 통해 개인 투자자가 직접 운용하지 않고 전문가의 노하우와 시스템을 활용해 자산을 운용하는 방식이다.

이 과정에서 개인 투자자는 자신의 투자 목적, 위험 성향, 목표 기간, 자산 규모 등 여러 요소에 따라 적합한 상품을 선별해야 하며, 선택 과정이 매우 중요하다. 최근에는 AI가 이 과정의 여러 단계에서 중요한 역할을 담당하고 있다. AI는 간접 투자 상품 선정에 다음과 같은 방식으로 도움을 준다.

개인 맞춤형 포트폴리오 추천

AI는 투자자의 투자 목적, 위험 성향, 목표 기간, 자산 규모 등 다양한 개인 정보를 분석해 적합한 간접 투자 상품이나 포트폴리오를 자동으로 설계해 준다. 예를 들어 로보어드바이저가 설문과 과거 투자 패턴 데이터를 기반으로 최적화된 펀드나 랩 어카운트를 추천한다.

빅데이터와 머신 러닝 분석

AI는 대규모 금융 시장 데이터, 경제 지표, 뉴스, 투자 트렌드 등을 종합 분석해 성과가 예상되는 투자 상품을 찾아내고, 리스크가 큰 상품을 걸러 낸다. 이를 통해 투자자의 직접 분석 부담을 줄이고, 효율적 상품 선택을 지원한다.

리스크 분석과 투자 전략 조정

AI는 투자 상품의 기대 수익과 위험도를 정교하게 평가하며, 시장 상황 변화에 따라 자동 리밸런싱을 권고하거나 실행해 위험 관리를 돕는다.

신뢰성과 사기 위험 감소

AI 기반 이상 거래 탐지 시스템을 활용해 불완전 판매, 사기 위험이 있는 상품을 탐지하고 제거해 투자자의 신뢰도를 높인다.

이처럼 AI는 복잡한 데이터 분석과 맞춤형 자산 배분 최적화를 통해 간접 투자 상품의 선정 과정에서 투자자의 판단을 보완하고, 효율과 안정성을 크게 향상하는 구실을 한다. 즉, AI는 방대한 수의 펀드, 랩 상품, ETF 등 투자 대상의 정보를 빠르고 체계적으로 분석해, 투자자의 조건(목표 수익률, 리스크, 운용 방식, 과거 실적)과 부합하는 상품을 신속하게 선별해 준다. 과거에는 전문가가 수작업으로 상품들을 비교 · 분석하는 데 오래 걸렸지만, AI는 대량 데이터를 실시간으로 처리해 초기 스크리닝 과정을 크게 단축한다.

AI의 간접 투자 상품 추천 서비스

콴텍

콴텍(https://www.quantec.co.kr)은 AI 기반 로보어드바이저와 큐엔진(Q-Engine, 초개인화 자산 관리 엔진)을 바탕으로, 다양한 펀드, 랩 어카운트 등을 자동으로 스크리닝하고 맞춤형 포트폴리오를 추천하는 서비스를 제공한다. 큐엔진은 다양한 투자자의 목표와 성향, 보유 자산, 투자 기간 등을 정밀 분석해 초개인화된 맞춤 포트폴리오를 자동으로 설계 · 운용한다. 국내외 2,500여 개의 종목과 ETF, 랩 어카운트, 펀드 등 다양한 금융 상품을 실시간으로 스크리닝하며, 고객에게 최적화된 상품 조합을 추천한다. 콴텍의 서비스는 개인형 퇴직 연금, 주식, ETF, EMP(ETF Managed Portfolio), 랩 어카운트 등 다양한 자산군에 대응한다. 한편, 증권사 PB(프라이빗뱅커) 플랫폼과 연동된 하이브리드 관리 서비스도 제공한다.

① 큐엔진(초개인화 자산 관리 엔진): 투자자의 투자 목적, 위험 감수성, 기간, 자산 구조 등 여러 요인을 AI가 정밀 분석해 정말 '개인 맞춤형' 포트폴리오를 구성한다. 자동 스크리닝 기능을 통해 국내외 2,500여 종 이상의 펀드, ETF, 랩 어카운트 등을 시시각각 비교 분석해, 시장 상황과 고객 조건에 따라 최적의 상품 조합을 도출한다. 운용 과정에서 데이터와 시장 변동성을 실시간 반영하며, 포트폴리오의 리밸런싱과 성과 모니터링까지 전 과정이 자동화된다.

② 맞춤형 포트폴리오 추천 및 자동화: AI가 실시간으로 다수의 금융 상품을 선별하고, 투자자 성향에 최적화된 상품 조합을 추천하기 때문에 수작업 대비 빠르고 효율적이다. 투자자의 선택(예: ESG 등 테마, 위험 선호도)에 따라 특화형 포트폴리오 설계도 지원한다.

③ 자산군별 대응: 일반적인 주식, 채권, ETF뿐 아니라, EMP, 랩 어카운트, 개인형 퇴직 연금(IRP) 등 법적 · 상품적 범위가 넓고, 다양한 투자 목적과 계좌 특성을 소화한다. 장기형 · 분산 투자, 테마형 전략, 시장 변동 대응 등 상황별 다양한 운용 형태가 자동 적용된다.

④ 하이브리드 관리 및 개별화 서비스: 증권사 PB 전용 플랫폼과 연동해 개인별 · 기관별 복합 자산 관리를

원스톱으로 제공한다. B2B 부문의 증권사 협업, B2C 기준의 개인 자산 관리 모두에서 서비스 범위가 확장되고 있다.

요컨대, 콴텍은 이처럼 AI와 초개인화 기술, 데이터 분석 역량으로 포트폴리오의 효율성과 안정성을 동시에 추구하며, 개별 투자자의 자산 관리/투자 경험을 혁신적으로 개선하는 디지털 자산 관리 플랫폼이다. 콴텍의 차별성은 첫째, 초개인화 · 자동화 자산 관리, 둘째, 상품 자동 스크리닝 및 맞춤 추천, 셋째, 다계좌 · 다자산 통합 대응, 넷째, 시간 · 비용 절감, 실적 관리의 투명성 강화, 다섯째, 증권사 PB 플랫폼과 연동한 하이브리드 운용 지원이다.

핀트

핀트(https://www.fint.co.kr)는 AI 투자 엔진 '아이작(ISAAC)'과 투자 운용 플랫폼 '프리페이스(PREFACE)' 기반으로 AI가 실시간으로 상품을 선별 · 관리, 투자자 맞춤형 포트폴리오 자동 제공, 시장 변동에 따라 매매와 리밸런싱까지 전 과정을 자동 수행한다.

① 맞춤형 포트폴리오 설계: 아이작은 딥 러닝 기반의 AI 엔진으로, 투자자의 성향, 목표, 자산 구조, 시장 데이

터, 거시 경제 변수 등을 실시간으로 분석한다. 이를 바탕으로 각 고객에게 1:1 맞춤형 투자 전략을 설계하며, 포트폴리오 구성, 종목 선정, 비중 조절까지 모두 자동화한다.

② 실시간 상품 선별 및 자동 관리: 시장 상황, 변동성, 개별 종목의 데이터까지 매일 분석해 우량주, 테마주, ETF, 채권 등을 세분화해 선별하고, 시장의 변동에 따라 매수·매도, 포트폴리오 리밸런싱까지 전 과정을 자동으로 수행한다. 고객의 투자 목표의 달성 확률을 최대화하는 포트폴리오로 매일 운용 전략을 재조정한다.

③ 테마 투자와 커스터마이징: 최신 시장 트렌드와 이슈, 고객 선호 종목 데이터를 반영해 테마 기반 투자 전략도 제공한다. 핀트에서는 일반 자문 및 투자 일임 상품은 물론, 고객이 직접 종목 선택, 수량 조정까지 할 수 있는 운용 지시 기능도 제공되어 더욱 강화된 초개인화 서비스가 가능하다.

④ 자동 주문 처리 및 주문 안정성: 프리페이스는 디셈버앤컴퍼니 고유의 주문 집행 플랫폼으로, AI가 설계한 포트폴리오 전략에 따라 고객별로 주문을 자동 집행한다. 수백만 개의 자동화된 주문을 실시간, 안정적으로 처리하며, 투자자의 계좌와 상품 특성, 전략이 업데이트

될 때마다 주문을 시장에 맞게 실행한다.

기존의 고액 자산가 중심 투자 일임 서비스를 IT 인프라로 대규모 동시 집행, 실시간 오류 탐지와 안정적 관리가 가능하게 함으로써 소액 투자자도 PB 수준의 맞춤형 자산 관리를 누릴 수 있게 한다.

요컨대, 핀트는 전 국민 자산 관리의 진입 장벽을 AI와 플랫폼 기술로 극복하고, 투자의 효율성과 안정성을 최대화하는 디지털 자산 관리를 제공한다. 그 내용은 다음과 같다. ① AI가 투자자 데이터, 목표, 시장 환경을 종합적으로 분석해 포트폴리오를 설계 · 운용하고, ② 전 과정을 실시간으로 자동화(선별-매매-리밸런싱), 커스터마이징까지 지원하므로, 투자자는 별도의 관리 없이도 PB 수준의 초개인화 자산 관리를 누릴 수 있으며, ③ 다양한 자산(국내 · 미국 주식, ETF, 채권, 퇴직 연금 등)에 대응하며, 최신 테마 투자, 종목 지정 같은 고도화된 기능도 제공한다.

06
장단기 투자와 AI

투자자는 자신의 투자 목표, 위험 감수 능력, 시간, 지식수준 등을 고려해 적합한 투자 방식을 선택해야 한다. 단기 투자는 시장 흐름을 잘 읽고 빠르게 대응할 수 있는 투자자에게 적합하며, 중장기 투자는 안정적인 수익을 원하고 시간적 여유가 있는 투자자에게 적합하다. 장단기 투자 비율의 배분에 관해서도 AI의 합리적 도움을 받을 수 있다. 장단기 투자 조언에 관한 국내 AI 사례와 AI 장단기 분석의 특징을 소개한다.

AI와 민주주의?

AI의 장단기 투자 추천 사례

중장기: 콴텍 AI

콴텍(QUANTEC)의 로보어드바이저와 AI 자산 관리 엔진은 개인별 장기·단기 투자 비율까지 자동 추천한다. 예를 들면, 국내 주식형 알고리즘 상품이 코스피가 하락하는 상황에서도 안정적 수익(최근 1년 35.26%)을 기록한 바 있으며, 분산 투자와 장기적 자산 배분을 AI가 자동 설계한다. 투자자의 위험 성향 및 시장 상황에 맞춰 AI가 장기/단기 비중을 합리적으로 배분한다.

① 맞춤형 투자 비율 자동 추천: 투자자가 나이, 투자 목적, 위험 감수력, 보유 자산 구조 등 정보를 입력하면, 콴텍의 AI 엔진이 장기 투자(예: 가치주, 분산형 포트폴리오)와 단기 투자(예: 모멘텀 전략, 변동성 활용 등)의 비율을 데이터 기반으로 즉시 산출한다. 예를 들어, 안전 선호 고객에게는 장기 자산 비중을 높이고, 고위험·고수익 선호나 시장이 강세일 때는 단기 전략 비중을 확대하는 방식이다.

② 시장 상황 및 성향별 유동적 배분: 알고리즘은 실시간으로 코스피 등 시장 지수를 모니터링하고, 주요 경제 지표, 국내외 이벤트를 반영해 투자 비율을 계속 조정한

다. 실제 사례에서 콴텍 국내 주식형 AI 알고리즘은 코스피가 -9% 하락한 기간에도 연간 35%가 넘는 안정적 수익을 기록했으며, 이는 주식의 종류와 비중, 매매 시점까지 모두 분산해 자동으로 운용하는 것이 가능했기 때문으로 평가된다.

③ 분산 투자 및 리스크 관리: 콴텍의 AI는 다양한 자산, 업종, ETF 등으로 포트폴리오를 분산 설계하고, 시장 변동성이 커지면 자동으로 단기 투자 비중을 줄이거나 위험 자산에서 안전 자산으로 전환한다. 장기적으로는 성장성이 높은 산업 · 종목 중심으로 자산을 배분해 복리 효과와 안정적 수익을 극대화한다.

④ 리밸런싱 및 포트폴리오 최적화 자동화: 장 · 단기 전략 혼합, 실적 모니터링 및 자동 리밸런싱으로 투자자의 목표 달성 확률과 실질 수익률을 높인다. 전 과정은 AI 알고리즘에 의해 자동화되어 투자자 개입 없이 효율적으로 운용된다.

단기: 크레센도 AI

크래프트테크놀로지스(Qraft Technologies)의 '크레센도(Crescendo) AI'는 초단기 매매에 최적화된 인공지능 투자 모델로, 다음과 같은 특징을 보인다.

① 초고빈도 매매 능력: 크레센도 AI는 하루 300회 이상의 단기 매매를 자동으로 실행할 수 있는 기술적 역량을 갖추고 있다. 실시간으로 시세 변동, 거래량, 시장 뉴스, 투자 신호 등 다양한 데이터를 수집 · 분석해, 순간적인 기회 포착과 빠른 의사 결정이 가능하다.

② 시장 하락기에도 플러스(+) 수익률: 크레센도 AI는 전통적인 매매 방식과 달리, 시장이 하락하는 상황에서도 단기 신호를 활용해 초과 수익을 창출한 사례가 있으며, 실제로 인간 트레이더를 능가하는 성적을 기록한 것이 강점이다. 이는 분석과 실행이 인간보다 빠르고 감정에 휘둘리지 않아 기계적으로 규칙 기반 수익을 추구할 수 있기 때문으로 평가된다.

③ 실시간 시세 · 신호 처리 시스템: AI가 초 단위로 시세 · 뉴스 · 거래 동향을 분석해, 매수 · 매도 타이밍을 자동 산출한다. 과거 수억 회의 거래 데이터를 학습해, 특정 상황에서 나타나는 미세한 신호도 빠르게 잡아내는 것이 가능하다.

④ 알고리즘의 빠른 반응, 패턴 학습, 오차 최소화: 크레센도 AI는 단기 투자에 특화되어 다양한 패턴과 이상 징후를 신속하게 인식, 고빈도 매매 환경에 맞는 전략을 자동 설계 · 집행한다. 자동화된 백테스트(Backtest)와

성능 최적화 과정 덕분에 시장 변화에 유연하게 적응할 수 있다.

요컨대, 크레센도 AI는 초단기 · 고빈도 매매에 특화되어, 실시간 시장 데이터 · 투자 신호 처리 능력이 뛰어나고 인간의 한계를 극복해 하락장에서도 플러스 수익률을 달성할 수 있다는 점에서 단기 AI 투자의 성공 사례로 평가받는다.

초개인화 투자 기간 설정: 핀트 AI

투자자가 목표 도달 시점과 위험 감수성을 입력하면, AI 엔진이 시장 데이터와 시나리오를 바탕으로 장기 · 단기 비율을 자동 추천하고, 시장 변동에 따라 비율 조정 · 리밸런싱까지 실시간으로 수행한다.

장기 투자에서의 AI 시장 분석 특징

거시적 트렌드와 성장성 분석

AI는 기업의 장기 성장 전망, 산업 구조 변화, 경제 지표, 장기 수익률 패턴 등 대규모 데이터를 기반으로 지속적인 성장 가능성을 탐색한다. 예를 들어, 인공지능은 과거 수십 년간 시장 데이터, 재무제표, 매크로 변수(금리,

인플레이션 등)를 분석해 장기적으로 유망한 산업이나 종목을 식별한다.

복리·분산 효과 극대화

장기 투자에서는 시장의 단기 변동보다 기업 내재 가치, 복리 효과, 분산 포트폴리오 설계에 집중한다. AI는 분산 투자 설계, 장기적 위험 관리, 리밸런싱 포인트 도출을 지원한다.

심리적 안정감, 장기 목표 달성 전략

AI는 장기적 변동성 분석 및 위기 예측 모델을 적용해, 투자자가 흔들리지 않고 장기 목표를 지킬 수 있도록 돕는다.

단기 투자에서의 AI 시장 분석 특징

실시간 시장 데이터·뉴스·이벤트 분석

단기 투자에서는 초단기 가격 변동, 실적 · 이슈 · 뉴스 등 실시간 이벤트에 AI가 빠르게 반응한다. 인공지능은 고빈도 트레이딩, 기술적 지표, 패턴 인식, 단기 가격 예측에 강점을 보인다.

멀티 데이터(주가, 거래량, SNS 등) 동시 분석

AI는 분 단위, 초 단위로 시장 정보, SNS 여론, 차트 신호를 실시간 집계해, 단기 매매 타이밍 결정에 직접 활용한다.

신속한 의사 결정 및 매매 자동화

단기 투자는 높은 변동성에 대응하는 민첩함이 중요하기 때문에, AI가 자동으로 변동 구간, 매수 · 매도 신호를 포착해 매매까지 집행하는 경우가 많다.

요컨대, AI는 장기 투자에서는 거시 · 종합적 분석으로 안정성과 성장 전망을 중시하며, 단기 투자에서는 실시간 데이터와 기술적 신호 분석으로 민첩한 매매 · 변동성 대응에 최적화한다. 투자 기간에 따라 시장 분석의 깊이와 속도가 크게 달라지는 것이 핵심적인 차이이다.

AI 분석 능력은 단기 투자에 더 적합

실시간 데이터 처리와 빠른 의사결정

단기 투자에서는 초단기적인 가격 변동, 거래량, 뉴스, 이벤트 등 다양한 데이터를 신속하게 분석하고 즉시 대응해야 한다. AI는 방대한 실시간 금융 데이터를 초고속으로 처리하고, 매수·매도 신호를 자동으로 탐지해 사람보다 훨씬 빠르게 의사 결정을 내릴 수 있다.

고빈도 매매와 자동화의 적합성

단기 투자는 매매가 자주 발생하는 특성이 있어 인간이 일일이 모든 거래 타이밍을 포착하기 어렵다. AI는 알고리즘을 기반으로 수백에서 수천 건의 매매를 초 단위로 집행할 수 있어, 변동성 장세에서 수익 기회를 극대화할 수 있다.

다양한 데이터 소스와 패턴 인식

AI는 시세뿐 아니라 시장 뉴스, SNS 반응, 경제 지표 등 비정형 데이터까지 종합 분석해 단기 시장의 미세한 변화나 투자자 심리 변동을 감지한다. 이는 단기 가격 움직임을 예측하는 데 매우 유리하다.

감정 배제와 규칙 기반 투자

단기 투자에서는 순간적인 감정 개입이 투자 결정에 부정적 영향을 줄 수 있는데, AI는 감정 없이 규칙과 데이터에 기반한 냉정한 판단으로 매매를 수행한다.

변동성 활용 극대화

단기 투자는 가격 변동성을 이용해 수익을 얻는 전략이다. AI는 시장 변동 폭과 시간대를 정밀 분석해 최적의 매도 · 매수 타이밍을 계산하기 때문에 변동성이 높은 시장에서 효율성이 아주 높다.

요컨대, AI의 고속, 고빈도 데이터 처리 능력과 자동화된 의사 결정 능력이 바탕이 되어, 불확실하고 변동성 높은 단기 투자에 매우 적합한 도구로 작용한다.

참고문헌

알체라(2025.6.23). "AI 자산 관리로 전문가 수준 투자하는 법", https://www.alchera.ai/resource/blog/AI-Asset-Management

07
투자 자산의 배분과 AI

투자 자산 배분에는 전통적인 방법과 AI를 활용한 새로운 접근법이 공존하고 있다. 즉, AI를 통한 동적 자산 배분도 가능하다. 시장 상황에 따라 24시간 내내 실시간으로 자산 비중을 조절하는 AI 서비스를 소개한다.

AI와 애니메이션?

전통적인 투자 자산 배분 방법

60:40 자산 배분 전략

① 기본 개념: 투자 자산의 60%를 주식 같은 위험 자산에, 나머지 40%는 채권 같은 안전 자산에 배분하는 방식이다. 이는 안정성과 성장성을 균형 있게 추구하기 위한 전통적이고 검증된 전략으로, 주식이 장기적으로 높은 수익을 기대할 수 있고, 채권이 안정적인 현금 흐름과 리스크 분산 역할을 하기 때문이다.

② 탄생 배경 및 효과: 과거 시장 데이터를 보면 주식과 채권이 상호 보완적인 성격을 가지기 때문에, 이 비율로 구성된 포트폴리오는 변동성을 줄이면서도 장기적으로 안정적인 수익을 기대할 수 있다.

③ 실제 활용: 주기적인 리밸런싱을 통해 투자 원칙을 유지하고, 시장 상황 변화에 대응한다. 글로벌 분산 투자를 더해 위험을 분산하고, ETF 등 저비용 투자 상품을 활용하는 경우가 많다.

전략적 자산 배분

투자자의 위험 성향, 기대 수익률, 투자 기간에 따라 여러 자산군(주식, 채권, 대체 자산 등)에 특정 비중을 정해 장기적으로 유지하는 방식이다. 통상 과거 및 예상 수익률, 변동성, 상관관계를 분석해 최적 포트폴리오를 산출한다. 자산군별 기대 수익률과 위험 변수를 주기적으로 리뷰해 조정하지만, 갑작스러운 시장 변동에는 바로 대응하지 않고 중장기적 관점을 유지하는 것이 특징이다.

전술적 자산 배분

시장 상황과 단기 전망에 따라 자산 비중을 유연하게 조정하는 방식으로, 전략적 자산 배분보다 적극적인 운용 방식을 취한다. 단기적 시장 상황 변화에 대응해 주식·채권·현금 등 비중을 조절하지만, 기본적으로는 전략적 자산 배분의 틀을 따른다.

기타 전통적 방법

① 분산 투자 : 여러 자산군 및 지역에 투자해 리스크 분산.

② 리밸런싱 : 자산 비중이 목표와 달라질 때 원래 목표 비율로 조정.

③ 자산군 분류 : 국내외 주식, 채권, 현금, 부동산, 원자재 등으로 나누어 투자.

요컨대, 전통적 자산 배분은 투자 자산을 주식과 채권 등 핵심 자산군으로 나누어 투자 위험과 수익 균형을 맞추는 방식이며, 대표적으로 60:40 전략이 있다. 장기 투자를 기본으로 하며, 주기적 리밸런싱과 글로벌 분산 투자를 통해 안정성과 성과를 추구한다.

AI를 활용한 새로운 접근법

국내외에서 AI를 활용한 동적 자산 배분, 실시간 자산 비중 조정 사례는 다음과 같다.

미래에셋자산운용 AI 혼합 자산 펀드

미래에셋자산운용은 빅데이터와 머신 러닝 알고리즘을 접목, 시장 변동성과 각종 경제 지표, 금리, 산업 트렌드를 실시간 분석해 자산 비중을 자동으로 조절하는 펀드를 운용한다. 예컨대, 2020년 1월 설정된 '미래에셋합리적인AI글로벌모멘텀혼합자산투자신탁'은 국내 최대 규모의 AI 기반 공모 펀드로, 설정 이후 2025년 3월 기준으로 연평균 6.9% 수익률과 꾸준한 성과를 달성했다. AI가 24시간 시장 상황을 모니터링해 국내외 주식 · 채권 · 대체 자산 등을 동적으로 배분한다.

로보어드바이저/자산 관리 서비스

디셈버앤컴퍼니의 핀트, 콴텍, 파운트투자자문, 에임 등 국내 주요 로보어드바이저 플랫폼들이 시장 데이터, 고객 위험 성향, 목표 등을 바탕으로 실시간 포트폴리오 리밸런싱 · 자산 비중 조정을 자동화한다.

최근 1년간 콴텍 투자 일임 국내 주식형 알고리즘 서비스는 35%의 수익률을 기록, 기존 코스피 지수와 차별화된 성과로 AI 기반 실시간 자산 관리의 효용을 입증했다.

금융앱 기반 자산 배분

토스, 뱅크샐러드, 카카오페이 등은 투자자의 성향 · 목표를 기반으로 AI가 투자 비중 및 전략을 추천하고, 필요시 자동으로 비중을 조절하는 서비스가 확대되고 있다.

글로벌 AI 자산 관리 서비스

웰스프론트(Welthfront), 시그널 인텔리전스(SIGINT), 베터먼트(Betterment) 등 글로벌 플랫폼에서는 AI가 경기 사이클, 인플레이션, 중앙은행 정책 등 매크로 변수를 실시간 분석해, 주식-채권-대체 자산 등 포트폴리오 비중을 동적으로 조정한다. 2025년 8월 현재 AI는 전통적

60:40(주식:채권) 방식보다 더 정교한 비율로 투자자 성향과 시장 환경을 모두 반영한 배분 전략을 제공한다.

포트폴리오 드리프트 자동 교정

미국 · 유럽 신규 서비스들은 AI가 수시로 자산 '드리프트'(목표 비중에서 이탈) 현상을 감지해 자동으로 자산 비중을 교정 · 리밸런싱하면서, 위험도와 기회 포착률을 최적화한다.

AI는 시장 데이터와 개별 고객의 목표 · 변동성 · 리스크 허용도를 실시간 분석해 자산 비율을 즉각 조정한다. 전통적 자산 배분이 고정된 비율(예: 60:40)을 유지했다면, AI 기반 동적 배분은 시장이 오르면 위험 자산 비중을 확대하고, 하락 · 불확실 시에는 안전 자산으로 자동 이동하는 등 유연하게 작동한다. 실시간 분석 · 조정은 투자자의 시간 · 노력을 절감할 뿐 아니라, 변동 성장 · 위기 상황에서도 자산 손실을 최소화하며 성과를 개선한다. AI를 활용한 동적 자산 배분 및 실시간 비중 조정은 기존의 고정적 · 수동적 자산 관리와 달리, 투자 효율성과 안정성을 대폭 높여 주는 글로벌 트렌드이며, 국내외 금융사와 스타트업에서도 빠르게 확산하며 성공 사례가 증가하고 있다.

08
국내외 투자와 AI

투자자는 자신의 투자 목표, 리스크 허용도, 시장에 대한 이해도를 고려해 국내 투자와 해외 투자의 비중을 적절히 조절해야 한다. 두 가지 투자 방식을 적절히 혼합해 포트폴리오를 구성하면 리스크를 분산하고 잠재적 수익을 높일 수 있다. AI를 활용하면 국내외 투자의 적정한 비율 결정에 도움을 받을 수 있다. 이러한 기능이 장착된 국내외 AI 서비스를 소개한다.

AI와 인재 채용?

국내 기반 AI

크래프트테크놀로지스

크래프트테크놀로지스(Qraft Technologies)는 서울에 기반한 AI 핀테크 기업(https://thevc.kr/qrafttechnologies)으로, 한국 투자자들을 대상으로 AI를 활용한 자산 배분 및 투자 전략 플랫폼을 제공하고 있다. 이 회사의 주요 특징과 전략은 다음과 같다.

① 크래프트테크놀로지스의 핵심: AI가 투자 전략 설계 및 실시간 리밸런싱에 적극적으로 활용된다는 점이며, 단순한 자산 배분을 넘어, 시장 상황에 맞춘 맞춤형 글로벌 인덱스(주로 미국 주식 롱 쇼트) 및 실제 투자 상품에까지 적용·확산되는 점이다.

② AI 기반 구조화 상품과 투자 플랫폼: 구조화 상품 및 투자업계는 AI 붐을 활용해 전략적 자산 배분과 투자 설루션을 혁신 중인데, 크래프트의 AI 모델은 실제 국내 투자자들의 글로벌 투자와 위험 분산, 수익 실현에 도움을 주는 플랫폼과 다양한 상품을 제공하고 있다. 국내 투자자들은 크래프트의 AI 기반 구조화 상품과 투자 플랫폼을 이용해 국내외(미국 중심) 자산의 최적 비중을 동적으로 조정하는 전략에 접근할 수 있다.

③ 대표적 상품: 크래프트는 글로벌 인덱스 제공사 솔랙티브(Solactive)와 협력해 "AI-Generated US Equities Long Short Select Index(AI 생성 미국 주식 롱쇼트 인덱스)"를 공동 개발했다. 이 인덱스는 크래프트의 AI 모델을 활용해 헤지 펀드의 롱 쇼트 전략을 수행한다. 즉, 미국 주식의 상승과 하락을 예측해 각각 롱(매수) 또는 쇼트(매도) 포지션을 취하는 전략을 통해 절대 수익을 추구한다.

미래에셋자산운용 GXIG

미래에셋자산운용은 2025년 6월 AI가 운용하는 ETF 상품(GXIG)을 출시했다. GXIG는 미국 투자적격 회사채를 주요 자산으로 하되, AI가 시장 데이터 · 리스크 분석을 바탕으로 섹터 · 만기 · 신용등급 등을 최적화하며 국내외 자산 배분을 자동으로 조정한다. GXIG는 미래에셋이 미국 ETF 운용 자회사 '글로벌 X(Global X)'와 AI 전문 법인 웰스스폿(Wealthspot)의 협업을 통해 마련된 AI 기반 금융 투자 상품이다.

① GXIG ETF의 핵심 운용 방식:

AI와 팩터 모델의 결합 : GXIG는 투자 종목을 선정하는 데 두 가지 모델을 결합한다. 전통적 팩터 투자 모델은 수십 년간 축적된 재무 분석 및 거시 경제 환경 분석 데이터를 바탕으로 '우량 회사채'를 선별한다. 한편, AI 기반 분석 모델(AI가 금리, 크레딧 스프레드, 섹터 흐름 등 다양한 시장 지표의 관계를 스스로 학습)은 기존 모델이 파악하지 못하는 투자 기회를 감지한다.

액티브 ETF : GXIG는 단순히 지수를 추종하지 않고, 시장 상황 변화에 따라 섹터별 비중, 만기 구조(Duration), 신용 등급 분포를 유연하게 자동 조절한다. 즉, 금리 변동성이나 시장 불확실성에 선제적으로 대응해 기회 포착과 리스크 관리를 동시에 추구한다.

② 자산 배분 및 투자 전략의 구체적인 특징

- 투자 유니버스 구성 : 블룸버그의 미국 투자 등급 회사채 인덱스를 참조해 섹터, 신용 등급, 만기 등 각종 요소를 AI가 분석해 최적화된 종목을 선별한다.

- 실시간 리밸런싱 : AI는 시장의 금리, 신용 리스크, 기업별 상황 등을 실시간으로 분석해 현재 포트폴리오의 구조를 자동으로 조정한다.

- 운용 전문가의 전술적 개입 : 예상치 못한 특별한 이벤트나 비정형 리스크(기업 도산, 시장 급변 등)는 인간 운용역이 직접 개입해 보완한다.

GXIG 는 미국 회사채 가운데 투자 등급을 갖춘 종목

군(섹터 · 만기 · 신용 등급별)을 AI와 팩터 모델로 선별하고, 시장 변화에 따라 배분을 조정하는 액티브 채권 ETF다. 즉, 국내외 다양한 데이터를 바탕으로 AI가 위험 · 수익을 최대한 최적화하는 방식이며, 여기에 전문 운용역의 실시간 판단까지 결합해 예측 불가능한 리스크에도 유연하게 대응한다.

해외 기반 AI

웰스프론트, 베터먼트, 시그피그

웰스프론트(Wealthfront), 베터먼트(Betterment), 시그피그(SigFig)의 플랫폼은 투자자의 목표, 리스크 허용도, 재정 상태 등 여러 요소를 AI가 분석해 자동으로 국내외(미국 및 글로벌 시장) 투자 비중을 추천하고 포트폴리오를 리밸런싱한다.

투자자의 설문 응답에 따라 국내 주식, 해외 주식, 채권, 부동산 등 여러 자산군의 비중을 AI가 자동으로 최적화하며, 시장 변화에 맞춰 동적으로 조정한다.

① 웰스프론트: 투자자가 원하는 목표, 리스크 허용도(설문/프로필 입력), 투자 기간(단기/장기), 재정 상태 등 정보를 수집해, 미국 및 글로벌 주식, 해외 주식, 채권,

부동산 등 다양한 자산군을 결합한 포트폴리오를 AI가 자동 설계한다.

② 베터먼트: 투자자의 나이, 목표, 리스크 허용도를 분석해 미국 주식, 해외 주식, 채권, 리얼 에셋, 사회 책임 투자 등 다양한 포트폴리오 옵션을 AI가 제안한다.

③ 시그피그: 투자자의 특성에 맞춘 자동 포트폴리오 설계 및 동적 리밸런싱을 AI로 제공한다.

이 플랫폼들은 투자자의 목표와 위험 선호, 시장 환경을 AI가 정밀 분석해, 미국/해외/국내 자산 비율 최적화 · 실시간 리밸런싱을 자동으로 제공한다. 이를 통해 누구나 글로벌, 분산, 저비용, 맞춤형 투자 포트폴리오를 손쉽게 운용할 수 있다.

포트폴리오파일럿

포트폴리오파일럿(PortfolioPilot)은 AI 금융 어드바이저로, 투자자가 직접 자산을 관리할 수 있도록 다양한 자동화 및 분석 기능을 결합한 온라인 플랫폼이다. 주요 기능 및 서비스 내용은 다음과 같다.

① 자산 배분 자동 추천: AI 추천 엔진(AI Recommendation Engine)은 투자자의 포트폴리오(주식, 채권, 부동산, 현금, 암호 화폐 등 全 자산군), 목표, 위험 선호도

를 분석해 국내외 자산의 적정 비율을 제안한다. 수만 가지 경제 · 금융 데이터를 바탕으로 맞춤형 분산 투자 포트폴리오를 설계한다.

② 리스크 분석 및 경고 시스템: 글로벌 경제 변화, 개별 자산 리스크, 포트폴리오 구성이 실제 위험도와 어떻게 맞는지 AI가 평가해 실시간 알림과 개선점을 제공한다.

③ 세금 최적화 및 시나리오 시뮬레이션: AI가 금리, 세금, 배당 등 다양한 변수로 세금 절감(Continuous Tax Optimization, Tax-Loss Harvesting) 전략을 제공한다. 장 · 단기 투자에 적합한 세금 효율적 리밸런싱 방안을 추천한다.

포트폴리오파일럿은 AI 기반 금융 어드바이저 역할을 하며, 사용자의 전체 투자 현황과 목표를 분석해 국내외 자산군(주식, 채권 등)의 적정 비율 배분을 자동으로 제안한다. 한국에서도 이용 가능한 온라인 서비스로, 포트폴리오 추적, 세금 최적화, 장기 투자에 적합한 AI 기반 추천 기능을 제공한다.

메치, 콴트커넥트, 인베스트글래스

메치(Mezzi), 콴트커넥트(QuantConnect), 인베스트글

래스(InvestGlass)의 서비스 역시 전 세계 여러 자산군의 비중 추천 및 실시간 리밸런싱을 AI로 자동화하며, 투자자가 설정한 목표와 위험 선호에 따라 국내외 분산 투자를 최적화한다.

① 메치: 투자자의 모든 금융 계좌(주식, ETF, 채권 등)를 통합 관리하며, AI가 시장 변화 · 포트폴리오 구성 · 세금 고려 등 다양한 요소를 분석해 맞춤형 자산 배분 비율을 제안한다.

② 콴트커넥트: 기관 · 개인 투자자를 대상으로 알고리즘 및 AI 모델을 통해 자산 배분과 리밸런싱을 자동화한다.

③ 인베스트글래스: AI가 투자 목표와 위험 선호도에 맞춰 자산(주식 · 채권 · ETF · 대체 투자 등) 배분 비율을 추천하고, 실시간으로 리밸런싱한다.

④ 공통점 및 요약: 첫째, 투자 목표 · 위험 선호도 분석 후, 국내외 분산 비중을 AI가 개별 맞춤형으로 추천한다. 둘째, 시장 실시간 데이터 반영, 자동 · 정밀 리밸런싱으로 수동 개입 없이 글로벌 자산의 효과적 분산 투자가 가능하다. 셋째, 리스크 관리와 세금 최적화, 투자 성과 분석 등 다양한 부가 기능을 통합 제공한다.

이 AI 서비스들은 복잡한 시장 환경에서 투자자가 손

쉽게 국내외 분산 포트폴리오를 구축·운영할 수 있도록 돕는 설루션이다.

추천 방식 요약

위 플랫폼들은 AI가 투자자의 목표, 리스크 허용도, 시장 변동성, 예상 수익률 등을 종합적으로 분석해, 한국 및 해외 자산의 적정 투자 비율(예: 국내 30%:해외 70%, 국내 50%:해외 50% 등)을 제안한다. 이러한 비율은 투자자의 입력 정보와 실시간 시장 데이터를 활용해 맞춤형으로 변경될 수 있다.

국내외 투자 비율을 정할 때 AI 기반의 자산 배분 및 포트폴리오 관리 서비스(Wealthfront, Betterment, PortfolioPilot, Qraft Technologies, 미래에셋 GXIG 등)를 활용하면, 투자자 고유의 목표와 시장 상황에 맞추어 과학적으로 추천받을 수 있다.

09

ETF 투자와 AI

ETF 하나로 수십, 수백 개의 종목에 투자하는 효과를 얻어 개별 종목의 위험을 분산할 수 있다. 일반 ETF는 펀드 매니저의 경험과 판단에 기반한 투자 결정이 이뤄진다. 반면, AI ETF는 방대한 데이터를 분석해 객관적이고 감정에 휘둘리지 않는 투자 결정을 내린다. 국내외 대표적 AI ETF를 소개한다.

AI와 기자?

ETF 투자와 AI는 시장의 리스크 분산 효과와 동시에 데이터 기반의 객관적 투자 의사 결정으로 전통적 펀드 대비 한층 진화된 상품을 제시한다. 이 장에서는 국내외 대표 AI ETF 사례와 원리, 주요 특징을 폭넓게 소개한다.

전통 ETF와 AI ETF의 근본적 차이

전통 ETF는 펀드 매니저나 고정 알고리즘이 시가 총액, 섹터별 기준 등으로 종목을 편입하고, 시장 변화에는 제한적으로 대응한다. 반면 AI ETF는 인공지능 시스템이 방대한 경제 · 재무 · 기업 활동 데이터를 분석해 종목 선정 및 비중 배분을 실시간 · 자동으로 최적화한다. AI ETF의 핵심은 감정에 휘둘리지 않고, 논리 · 통계적 분석으로 투자 결정을 내린다는 점이다.

국내 AI ETF 주요 사례

TIGER 글로벌AI산업(합성)

TIGER 글로벌AI산업(합성) ETF는 미래에셋자산운용이 출시한 글로벌 AI 산업 테마 ETF로, 세계적으로 성장하는 AI 생태계의 핵심 기업에 적극적으로 분산 투자하는 액티브형 상장 지수 펀드다. 운용 방식 및 특징은 다음과 같다.

① 액티브 ETF 구조: 기존의 시장 지수 추종이 아니라, 운용사가 직접 글로벌 AI 산업 동향과 성장 국면을 분석해 하드웨어 · 소프트웨어 · 서비스 기업의 비중을 능동적으로 조정한다.

② 글로벌 밸류 체인 분산 투자: 미국, 중국, 유럽 등 AI 기술과 인프라의 주요 밸류 체인에 속한 기업을 포트폴리오에 편입해 시장 변화에 유연하게 대응한다.

③ 편입 종목 예시: 하드웨어 업체로 엔비디아(NVIDIA), 브로드컴(Broadcom), TSMC(대만반도체)가 있다. 한편, 소프트웨어 및 플랫폼 업체로는 마이크로소프트(Microsoft), 팔란티어(Palantir), 아마존(Amazon)이 있고 기타 신성장 AI 기업들도 적극적으로 발굴 · 비중 조절한다.

④ 시장의 상황과 성장 국면에 따른 조정: 반도체/AI 개발 · 플랫폼 · 클라우드 · 인프라 등 다양한 분야에 걸친 글로벌 강소기업부터 빅테크까지 유동적으로 비중을 설정, 한 종목 쏠림을 방지해 리스크를 낮추고 수익 기회를 극대화한다.

코덱스 K-메타버스액티브

코덱스(KODEX) K-메타버스액티브 ETF는 삼성자산운용이 운용하는 국내 대표 메타버스 테마 액티브 ETF로, 메타버스 산업의 성장성과 변화에 능동적으로 대응하는 특징이 있다. 운용 방식 및 구조는 다음과 같다.

① 액티브 ETF: 일반 ETF가 지수의 구성을 그대로 따르는 것과 달리, 전문 운용 팀이 시장 환경, 테마 변화, 실적 등 여러 요소를 적극적으로 반영해 종목과 비중을 자유롭게 변경한다. 비교 지수인 FnGuide K-메타버스 지수를 성과 기준으로 삼지만, 이를 초과하는 성과를 목표로 포트폴리오를 설계한다.

② 포트폴리오 구성: 메타버스 플랫폼, 콘텐츠, 인프라, 하드웨어 등 국내 메타버스 관련 기업에 분산 투자한다. 신탁 자산의 60% 이상을 국내 시장 메타버스 테마주에 투자하도록 설계되었다. 실제 편입 종목에는 문화·엔터테인먼트·IT·게임 등 다양한 분야의 기업이 골고루 포함된다(하이브, 위메이드, 펄어비스, 네이버, LG이노텍, 아프리카TV, SM, 제이콘텐트리, 크래프톤, 카카오게임즈 등).

③ 투자 포인트 및 유의 사항: 첫째, 테마형 액티브 ETF 특성상 일반 시장 ETF 대비 포트폴리오 압축 및 변

동성 확대 가능성이 있어, 분산 투자와 시장 트렌드 분석이 필요하다. 둘째, 시장 전환기나 신산업 부상기에 유리할 수 있으나, 일부 기업 쏠림 현상이나 테마 역풍 시 추가 리스크를 주의해야 한다. 셋째, 국내 메타버스 관련 신산업 트렌드(콘텐츠/플랫폼/IT/엔터테인먼트/게임 등)에 장기 투자하는 데 적합하다.

KB스타 i셀렉트 AI

KB스타 i셀렉트 AI(KBSTAR iSelect AI) ETF는 KB자산운용이 출시한 AI 및 로봇 테마의 국내 액티브 ETF로, 성장 초기 단계의 AI · 로봇 핵심 기업에 분산 투자함으로써, 4차 산업혁명 트렌드에 직접적으로 투자할 수 있는 상품이다. 운용 방식 및 투자 포인트는 다음과 같다.

① 운용 방식 및 특성: 기초 지수는 'iSelect AI&로봇지수'다. 종목 편입 기준에 '매출 관련도'를 추가해, 각 산업군의 시장 지배력과 경쟁력이 우수한 순수 AI · 로봇 기업 위주로 포트폴리오를 구성한다. 총 28개 종목으로, AI(47%)와 로봇(53%) 산업 비중이 고르게 배분되어 있다. 업종 특성상 코스닥 종목이 80% 이상 편입되어 중소형 성장주 비중이 높다.

투자 범위는 AI 소프트웨어 · 설루션, 로봇 자동화, 반도체 및 하드웨어, 바이오 · 헬스케어 AI 관련 기업 등 산업 밸류 체인 전반이다.

대표 편입 종목은(2024년 3월 기준) 레인보우로보틱스(6.7%), 네이버(6.4%), 셀바스AI(6.2%), 현대오토에버(6.1%), LG이노텍(5.5%), 루닛(5.5%), 뉴로메카(5.1%), 솔트룩스(4.4%) 등이다.

② 투자 포인트: 첫째, 산업 성장 초기 기업에 집중 투자한다. 즉, 이미 대형화된 대기업 위주가 아니라, 미래 성장성이 높은 국내 강소/중소 AI · 로봇 기업 비중이 높아 상승 탄력이 기대된다.

둘째, 테마 위주의 포트폴리오를 능동적으로 운영한다. 따라서 산업 변화, 매출 · 성장 추이 등 시장 환경을 반영해 종목 및 비중을 자유롭게 재조정할 수 있다.

셋째, 리스크 및 변동성이다. 중소형 성장주 중심 포트폴리오 특성상 변동성(주가 등락)이 상대적으로 크나, 장기적 테마 성장 국면에서는 더 큰 수익의 기대 가능성이 있다.

③ 산업 · 시장 전망: AI · 로봇 산업은 단기 테마가 아닌 2030년까지 연평균 20~30% 성장이 전망된다(KOTRA 등). 자율주행, 스마트 팩토리, 디지털 전환 등 신산업 수혜 확산이 예상된다.

해외 AI ETF 주요 사례

글로벌 X 아티피셜 인텔리전스 & 테크놀로지 ETF(AIQ)

글로벌 X 아티피셜 인텔리전스 & 테크놀로지(Global X Artificial Intelligence & Technology) ETF(AIQ)는 미국 나스닥에 상장된 글로벌 AI · 테크 테마 ETF로, 인공지능 기술을 활용 · 개발하거나 AI를 도입해 비즈니스 모델을 혁신하는 기업에 분산 투자한다.

① 운용 방식 및 구조: 대표적인 테마형 패시브 ETF다. 기초 지수 구성은 AI 알고리즘, 데이터 분석, 머신 러닝, 클라우드, 빅데이터, 하드웨어 등 다양한 분야에 걸쳐 AI 활용 기업을 선별한다.

편입 종목 수 및 구성 : 85~100개 기업(2024년 기준), 시총 상위 10개 종목이 포트폴리오의 약 34%다.

주요 편입 종목(2024년 말 기준): 엔비디아(5.9%), 메타(5.6%), 마이크로소프트(5.2%), 알파벳(4.8%), 아마존(4.5%), 팔란티어, IBM, 테슬라, 넷플릭스, 스노플레이크(Snowflake) 등 글로벌 AI · 빅데이터 핵심 기업.

② 투자 포인트 AI 적용 산업의 변혁과 기회: AIQ는 단순 기술주 ETF가 아니라, 실제 AI · 빅데이터가 혁신을 주도하는 다양한 산업의 글로벌 기업까지 아우른다.

분산 투자 효과로 리스크 완화: 빅테크 기업뿐 아니라 산업 · 국가 분산 비중이 높아 개별 리스크를 줄인다.

AIQ만의 특징은 기술 대기업뿐 아니라 서비스나우, 팔란티어, 스노플레이크 등 실제 AI 설루션 및 플랫폼을 제공하는 혁신 기업까지 폭넓게 편입한다는 점이다.

AIQ는 글로벌 AI · 빅데이터 혁신 기업을 포괄적으로 편입하는 대표 테마 ETF로서, IT 대기업과 혁신적 플랫폼 기업을 골고루 담아 장기 성장성 · 산업 혁신에 투자하는 데 적합하다.

디파이언스 퀀텀 ETF(QTUM, 퀀텀)

QTUM(퀀텀)은 양자 컴퓨팅과 머신 러닝(ML) · AI 등 첨단 기술 혁신 기업들에 집중 투자하는 미국 나스닥 상장 테마형 ETF다.

① 운용 방식 및 구조: 특정 지수를 추종하는 패시브 개방형 펀드로서, 추종 인덱스는 블루스타 머신 러닝 앤드 퀀텀 컴퓨팅 인덱스(BlueStar Machine Learning and Quantum Computing Index)다. 중점 투자처는 양자 컴퓨팅 하드웨어/소프트웨어 개발사, 머신 러닝 및 AI 핵심 기술 기업이다. 상위 편입 종목은 리게티 컴퓨팅(Rigetti Computing), 디웨이브 퀀텀(D-Wave), 아이온큐(IonQ)

등 순수 양자 컴퓨팅 기업을 중심으로, 구글 알파벳(Alphabet), IBM, 마이크로소프트, 허니웰(Honeywell) 등 빅테크의 양자 유닛·연구 팀 보유 기업도 포함한다.

② 투자 포인트: 2024년 연간 수익률 약 52~65%, 5년 연평균 약 20~24%로, 테마형 ETF 기준 강세 기록 중이다. 성장 초기의 테마 특성상 단기 변동성 크지만, ETF 구조로 개별 기업 리스크를 분산했다.

QTUM은 양자 컴퓨팅과 머신 러닝 분야의 선두 주자 및 관련 하드웨어·플랫폼 글로벌 혁신 기업을 폭넓게 담아, 미래 성장 산업의 핵심 변화를 반영하는 대표 테마 ETF다. 단기 변동성과 성장 초기에 따른 리스크가 있으나, 장기적 혁신 모멘텀에 투자하기에 적합한 상품이다.

핵심 사항

AI ETF는 인공지능 기술의 시장 확대와 함께, 투자 방법론 자체가 혁신적으로 진화하는 중이다. 대표적 국내 상품으로 타이거(TIGER) 글로벌AI산업, KB스타 i셀렉트 AI(KBSTAR iSelect AI) 등이 있고, 미국에서는 AIQ, QTUM 등이 시장을 이끌고 있다.

이들은 AI의 데이터 분석력 덕분에 기존 ETF 대비 종목 선정과 포트폴리오 관리를 더욱 정교하게 수행하며,

미래 성장 산업에 구조적으로 투자할 수 있게 해 준다.

참고문헌

KOTRA(2025.1.30). "AI 시장의 부상: 수출 기회의 새로운 장", https://dl.kotra.or.kr/pyxis-api/2/digital-files/c14cc5cb-5497-4b59-8c8b-3c03e6e6e436

10
AI 조력 투자의 핵심

AI를 활용한 금융 투자는 데이터 기반의 의사 결정, 리스크 관리 강화, 맞춤형 서비스 제공 등을 통해 투자의 효율성과 정확성을 높일 수 있다. 다만, AI는 조력자로서 도움을 줄 뿐이고, 최종 투자 선택은 투자자 개개인의 몫이므로 합리적 투자 선택을 하기 위해서는 AI 조력 투자에 대한 충분한 사전적 학습이 필요하다.

AI와 미래 의사?

데이터 기반 의사 결정의 강화

AI는 방대한 양의 금융 데이터, 경제 지표, 시장 뉴스, 기업 실적, 글로벌 이벤트 등 다양한 정보를 실시간으로 수집하고 분석한다. 이 과정에서 AI는 빅데이터 기술과 고급 알고리즘(머신러닝, 딥러닝 등)을 활용해 데이터 내 숨겨진 패턴과 트렌드를 식별한다. 첫째, 패턴 및 트렌드 식별이다. 예를 들어, AI는 과거 주가 변동, 거래량, 금리 변화, 환율, 원자재 가격 등 수많은 변수를 동시에 분석해 시장의 움직임을 예측한다. 단순히 과거 데이터만 보는 것이 아니라, 뉴스 기사, SNS, 정책 발표 등 비정형 데이터까지 통합적으로 처리한다. 둘째, 재무 예측 및 시장 변화 예측이다. AI는 기업의 재무제표, 실적 발표, 산업 동향 등을 분석해 미래의 수익성, 성장성, 위험 요인을 예측한다. 이를 통해 투자자는 감정이나 직관에 의존하지 않고, 객관적이고 근거 있는 의사 결정을 내릴 수 있다. 셋째, 정확성 및 효율성 향상이다. AI는 인간이 처리하기 어려운 방대한 데이터를 빠르고 정확하게 분석해, 투자 효율성과 정확성을 크게 높인다. 예를 들어, AI는 수백 개의 종목을 동시에 분석해 최적의 투자 대상을 선별하거나, 실시간으로 시장 변동에 대응하는 전략을 제시할 수 있다.

리스크 관리 역량의 증대

금융 시장은 예측 불가능한 변동성과 다양한 위험 요소(시장 위험, 신용 위험, 유동성 위험 등)를 내포하고 있다. AI는 이러한 리스크를 종합적으로 분석하고, 투자자의 포트폴리오를 최적화하는 데 중요한 역할을 한다. 첫째, 리스크 요소 통합 분석이다. AI는 각 자산의 상관관계, 변동성, 과거 손실 사례, 외부 이벤트(정치, 경제, 자연재해 등)까지 고려해 포트폴리오의 위험도를 평가한다. 둘째, 자동 자산 배분 및 리밸런싱이다. 시장 상황이 변할 때마다 AI는 자산 배분을 자동으로 조정해, 특정 자산에 대한 과도한 집중을 방지하고, 전체 포트폴리오의 안정성을 높인다. 예를 들어, 주식 시장이 급락하면 AI가 채권이나 현금 비중을 늘려 손실 가능성을 줄인다. 셋째, 잠재적 위험 조기 식별이다. AI는 과거 데이터와 실시간 정보를 바탕으로, 투자자가 인지하지 못하는 숨겨진 위험이나 잠재적 손실 요인을 조기에 식별한다. 예를 들어, 기업의 재무 건전성 악화, 산업 구조 변화, 글로벌 리스크(전쟁, 팬데믹 등)를 빠르게 감지해 경고 신호를 제공한다. 넷째, 시나리오 분석 및 스트레스 테스트다. AI는 다양한 시장 시나리오(금리 인상, 경기 침체, 지정학적 리스크 등)를 가정해 포트폴리오의 내구성을 테스트하고, 최악의 상황에서도 손실을 최소화할 수 있는 전략을 제안한다.

맞춤형 투자 서비스 제공

AI는 개별 투자자의 목표, 리스크 선호도, 투자 기간, 자산 규모, 투자 경험 등 다양한 특성을 분석해, 각자에게 최적화된 맞춤형 투자 전략을 제안한다. 첫째, 개인화된 포트폴리오 설계다. AI는 투자자의 재무 상황, 미래 목표(예: 은퇴, 자녀 교육, 주택 구입 등), 투자 성향(공격적/보수적) 등을 종합적으로 고려해, 효율적인 자산 배분과 투자 전략을 설계한다. 둘째, 동적 전략 수립이다. 투자자의 상황 변화(소득 변동, 가족 구성 변화, 시장 환경 변화 등)에 따라 AI가 실시간으로 전략을 조정한다. 예를 들어, 투자 기간이 짧아지면 위험 자산 비중을 줄이고, 장기 투자자에게는 성장주 비중을 늘릴 수 있다. 셋째, 실시간 모니터링 및 피드백이다. AI는 투자자의 포트폴리오를 실시간으로 모니터링하고, 목표 달성 여부, 위험 수준, 수익률 등을 지속적으로 평가해, 필요한 경우 즉각적인 조치를 제안한다. 넷째, 행동경제학적 지원이다. AI는 투자자의 심리적 편향(과신, 손실 회피, 군중심리 등)을 분석해, 감정적 결정을 예방하고, 합리적인 투자 행동을 유도한다.

AI는 조력자, 최종 결정은 투자자의 몫

AI가 제공하는 분석과 추천은 투자자가 합리적인 결정을 내리도록 돕는 도구일 뿐, 투자 선택의 최종 책임은 투자자에게 있다. 그러므로, 아래의 세 가지 사항에 대한 숙지가 필요하다. 첫째, 알고리즘의 한계다. AI의 알고리즘과 데이터 분석 능력은 매우 뛰어나지만, 시장의 예측 불가능성(블랙스완 이벤트, 정책 변화, 인간 심리 등)이나 비정량적 요인(기업 경영진의 결정, 사회적 분위기 등)까지 완벽하게 반영할 수는 없다. 둘째, 투자자의 역할이다. 투자자는 AI의 분석 결과를 참고하되, 자신의 투자 철학과 목표, 시장에 대한 이해를 바탕으로 최종 결정을 내려야 한다. AI의 조언을 맹신하기보다는, 스스로 판단하고 책임지는 자세가 필요하다. 셋째, 사전 학습과 이해다. AI를 효과적으로 활용하기 위해서는 AI의 작동 원리, 한계, 특성에 대해 충분히 학습하고 이해하는 것이 중요하다. 예를 들어, AI가 어떤 데이터를 기반으로 의사 결정을 내리는지, 알고리즘의 취약점은 무엇인지, 결과 해석 방법은 어떻게 되는지 등을 알아야 한다.

AI 활용의 단점과 과제

AI 기반 투자에는 여러 가지 단점과 해결해야 할 과제가 존재한다. 첫째, 데이터 프라이버시 및 보안 문제다. AI가 투자자의 개인정보, 금융 거래 내역, 자산 현황 등 민감한 데이터를 처리하는 과정에서 데이터 유출, 해킹, 개인정보 침해 등의 위험이 존재한다. 투자자는 데이터 보안 정책과 프라이버시 보호 방안을 반드시 확인해야 한다. 둘째, 모델의 과적합(Overfitting) 위험이다. AI가 과거 데이터에 지나치게 맞춰진 모델을 만들면, 새로운 시장 상황이나 예외적 이벤트에 제대로 대응하지 못할 수 있다. 이는 예측의 신뢰성을 떨어뜨리고, 투자 손실로 이어질 수 있다. 셋째, 투명성 부족이다. AI의 의사 결정 과정은 복잡하고, 블랙박스처럼 내부 구조를 알기 어려운 경우가 많다. 투자자는 AI가 왜 특정 결정을 내렸는지, 어떤 근거로 추천했는지 명확히 알기 어렵기 때문에, 결과를 맹신하기보다는 비판적으로 검토해야 한다. 넷째, 지속적 학습과 경험의 필요성이다. AI의 한계를 인지하고, 투자자는 지속적으로 학습하며 경험을 쌓아야 한다. 시장 환경이 변화하면 AI 모델도 주기적으로 업데이트하고, 새로운 데이터와 알고리즘을 반영해야 한다. 다섯째, 윤리적 · 법적 문제다. AI가 투자 결정을 내리는 과정에서 윤리적 문제(차별, 편향, 불공정 등)나 법적 책임(투자 손실, 정보 제공의 정확성 등)이 발생할 수 있다. 투자자는 관련 법규와 윤리 기준을 숙지하고, AI 서비스 제공자의 책임 범위를 명확히 해야 한다.

요컨대, AI는 방대한 데이터 분석, 정밀한 리스크 관리, 맞춤형 투자 전략 제공 등 금융 투자에서 혁신적인 역할을 하지만, 데이터 프라이버시, 과적합, 투명성 부족 등 한계와 과제도 존재한다. 투자자는 AI의 기능과 한계를 충분히 이해하고, 스스로 학습하며 경험을 쌓아야 하며, 최종 투자 결정과 책임은 본인에게 있다는 점을 항상 명심해야 한다.

박선종

숭실대학교 법학과 교수다. 고려대학교 법학과에서 금융법과 민법으로 석사 및 박사학위를 받고 금융법연구센터에서 상임연구위원으로 재직했다(2002~2016). 숭실대학교 법학과 교수로 임용된 후 법학연구소 금융법연구센터장을 맡고 있다(2017~현재). 금융위원회 자체규제 심사위원을 지냈다(2018~2023). 'EBN산업경제' 칼럼니스트로서 2021년 11월 이후 현재까지 약 40편의 칼럼을 기고했다. 또한, 빚에 허덕이는 서민을 돕는 아름다운 시민단체 '롤링주빌리'(공익은행, https://www.jubileebank.kr)의 이사 및 이사장(2023년 선임)으로 활동하고 있다(2018~현재).